W0068746

Bastian Sick

Wie gut ist Ihr Deutsch?

Der große Test

Mit Illustrationen von Katharina M. Baumann

Kiepenheuer & Witsch

MIX
Papier aus verantwor-
tungsvollen Quellen
FSC
www.fsc.org   FSC® C083411

Verlag Kiepenheuer & Witsch, FSC®-N001512

1. Auflage 2011

© 2011, Verlag Kiepenheuer & Witsch, Köln
© 2011, SPIEGEL ONLINE GmbH, Hamburg
Alle Rechte vorbehalten. Kein Teil des Werkes darf in
irgendeiner Form (durch Fotografie, Mikrofilm oder ein
anderes Verfahren) ohne schriftliche Genehmigung des
Verlages reproduziert oder unter Verwendung elektronischer
Systeme verarbeitet, vervielfältigt oder verbreitet werden.
Umschlaggestaltung: Barbara Thoben, Köln
Umschlagmotiv: © www.zitzlaff.com
Gesetzt aus der Optima
Satz: Felder KölnBerlin
Druck und Bindearbeiten: CPI – Clausen & Bosse, Leck
ISBN 978-3-462-04365-5

Das Buch

Wie lautet die Mehrzahl von Oktopus? Wofür stand die Abkürzung SMS vor hundert Jahren? Und schwimme, schwämme oder schwömme ich zu dir, wenn ich ein Fischlein wär? Der große Deutschtest von Bestsellerautor Bastian Sick versammelt spannende Fragen aus dem Fundus der Irrungen und Wirrungen unseres Sprachalltags – zur Rechtschreibung und Zeichensetzung, zur Grammatik und zum Stil. Leichte und kniffelige Fragen sind dabei bunt gemischt. Nicht immer geht es um richtig oder falsch, manchmal wird unter mehreren Möglichkeiten die »optimalste« gesucht. Und manchmal ist mehr als nur eine Antwort richtig.

Finden Sie heraus, ob Sie im PISA-Durchschnitt liegen, ob Sie das Zeug zum Deutschlehrer haben oder ob Sie womöglich ein Alleswisser sind – Spaß und Lernerfolg garantiert!

Der Autor

Bastian Sick, geboren in Lübeck, Studium der Geschichtswissenschaft und Romanistik, Tätigkeit als Lektor und Übersetzer, von 1995 bis 1998 Dokumentarjournalist beim SPIEGEL, von 1999 bis 2009 Mitarbeiter der Redaktion von SPIEGEL ONLINE, seit 2003 dort Autor der Sprachkolumne »Zwiebelfisch«. Aus diesen heiteren Geschichten über die deutsche Sprache wurde später die Buchreihe »Der Dativ ist dem Genitiv sein Tod«. Es folgten zahlreiche Fernsehauftritte und eine Lesereise, die in der »größten Deutschstunde der Welt« gipfelte, zu der 15.000 Menschen in die Köln-Arena strömten. In diesem Jahr ging Bastian Sick bereits zum dritten Mal mit einem eigenen Bühnenprogramm auf Tournee, einer Mischung aus Lesung, Kabarett und Quizshow. Zuletzt erschien von ihm »Hier ist Spaß gratiniert. Ein Bilderbuch aus dem Irrgarten der deutschen Sprache«. Seit 2009 arbeitet Bastian Sick als freier Autor. Er lebt in Hamburg.

Inhalt

DAS VORWORT

Liebe quizbegeisterte Leserinnen und Leser!

Dass Ihnen die deutsche Sprache am Herzen liegt, beweist bereits die Tatsache, dass Sie dieses Buch in die Hand genommen haben. Wie sicher Sie sie tatsächlich beherrschen, können Sie auf den folgenden Seiten unter Beweis stellen.

200 Fragen warten darauf, von Ihnen beantwortet zu werden: thematisch verteilt auf zehn Kapitel zu je 20 Fragen. Es geht dabei um Rechtschreibung, Zeichensetzung und Grammatik, um stilistische Fragen, Redewendungen und um den korrekten Gebrauch von Fremdwörtern. Ein Kapitel ist speziell der neuen Rechtschreibung gewidmet, ein weiteres den populären Anglizismen. Während die ersten neun Kapitel im sportlichen Sinne zur Pflicht gehören, bildet das letzte die Kür: Dort geht es noch einmal querbeet durch alle Themengebiete, von »A« wie im **A**llgemeinen bis »Z« wie im Spe**z**iellen.

Die Auswahl der Fragen erfolgte mit großer Sorgfalt. Es ging darum, möglichst typische Zweifelsfälle aus möglichst vielen unterschiedlichen Gebieten zu erfassen. Und es wurde darauf geachtet, leichtere und knifflige Fragen bunt zu mischen. Als sehr hilfreich erwies sich die Möglichkeit, zahlreiche Fragen vorab in einem Online-Test mit mehreren Tausend Teilnehmern auszuprobieren. Die Auswertung ließ eine klare Einteilung in »kinderleicht«, »mittelschwer«, »anspruchsvoll« und »unlösbar« zu. Was nicht heißen soll, dass die »unlösbaren« Fragen bei der Auswahl für dieses Buch außen vor geblieben wären ...

Sosehr sich dieser Test um Ausgewogenheit bemüht, so wenig kann er allerdings für sich in Anspruch nehmen, den Kanon der deutschen Rechtschreibungs- und Sprachregelungen vollständig abzudecken. Dazu ist das Deutsche einfach zu vielschichtig. Dennoch kann Ihnen dieses Werk als ein Leitfaden durch den Irrgarten der deutschen Sprache dienen; dafür sorgen die umfassenden Erklärungen im Lösungsteil.

Die Handhabung dieses Tests ist ganz einfach: Nehmen Sie zunächst einen Stift zur Hand, denn in diesem Buch dürfen Sie Kreuzchen machen – oder auch Kringel; jedenfalls sind Sie aufgefordert, die jeweils richtige Antwort zu markieren. Natürlich können Sie sich Ihre Antworten auch auf einem Zettel notieren, falls Sie den Test nach einiger Zeit noch einmal wiederholen wollen.

Jede richtige Antwort zählt als ein Punkt, Sie können also maximal 200 Punkte erreichen. Ob Sie das gesamte Buch in einem Rutsch durchgehen oder sich nach jedem Kapitel Ihren Zwischenstand notieren, bleibt Ihnen überlassen. Es empfiehlt sich aber, nicht schon nach jeder einzelnen Frage sofort die Auflösung nachzuschlagen, da Ihr Auge dabei die Lösungen der folgenden Fragen mit erfassen könnte und Sie damit um den Ratespaß gebracht würden.

Am Ende des Buches gelangen Sie zu einer Auswertung, die sich an den bekannten Schulnoten orientiert. Freilich kann dieser Test keine allgemeingültigen Aussagen über das tatsächliche Sprachniveau der Teilnehmer treffen, denn wichtige Unterscheidungsmerkmale wie das Alter, der Bildungshintergrund und die jeweilige Tagesform bleiben bei der Auswertung unberücksichtigt. Sie kann daher bestenfalls eine ungefähre Standortbestimmung liefern. Am Ende gibt es ohnehin nur Gewinner: Die einen gewinnen nach Punkten, die anderen an Wissen.

Dass dieses Buch nicht nur erhellend und unterhaltsam ist, sondern obendrein auch noch bunt, ist den zahlreichen Illustrationen meiner Mitarbeiterin Katharina M. Baumann zu verdanken, die mit großem Einsatz und Talent wesentlich zur Entstehung dieses Buches beigetragen hat. Des Weiteren danke ich meiner Lektorin Sandra Heinrici, deren begeisterte Kommentare und scharfsinnige Anmerkungen mir ein großer Ansporn waren.

Es hat mir großes Vergnügen bereitet, diesen Test zusammenzustellen; denn ich bin ein leidenschaftlicher Worttüftler und Rätselfreund. Wenn man allerdings zu lange an falschen Lösungsvorschlägen bastelt, besteht die Gefahr, dass man am Ende selbst nicht mehr weiß, wie die richtige Antwort lautet. So gab es während der Arbeit an diesem Buch mehr als einen Moment, in dem ich mit meinem Sprachgefühl selbst aufs Glatteis geriet.

Außerdem ertappte ich mich dabei, wie ich anfing, in meine E-Mails automatisch mehrere Antwortmöglichkeiten einzubauen:

»Hallo, mein Liebling! Wollen wir heute Abend ...

a) fernsehen und dabei kuscheln?

b) ausgehen und später kuscheln?

c) einfach nur kuscheln?

Bin gespannt auf deine Antwort!«

Die Antwort kam prompt: »Es fehlt die Möglichkeit d: Einkäufe erledigen, Altglas wegbringen, Vogelhäuschen reparieren, Wäsche zusammenlegen, Geschirrspüler ausräumen und danach tot ins Bett fallen!«

»Das ganze Leben ist ein Quiz«, sang Hape Kerkeling, und weil er damals noch gar nicht wissen konnte, wie Recht er damit haben würde, kommt hier nun das große Quiz zur deutschen Sprache. Viel Vergnügen!

Hamburg, im August 2011

PS: Sollten Sie durch dieses Buch auf den Geschmack gekommen sein und Lust auf mehr verspüren, lade ich Sie herzlich ein, das bunte Online-Quiz auf meiner Internetseite zu besuchen!

www.bastiansick.de/quiz

Recht geschrieben
mit links

Im ersten Kapitel geht es um bekannte Zweifelsfälle der Rechtschreibung: um deutsche Wörter, die oft und gerne falsch geschrieben werden. Und zwar unabhängig von den Regeländerungen der Rechtschreibreform. Wörter wie Brandtwein, Eigenbrödler, Prophezeihung und Sylvester. Oder Branntwein, Eigenbrötler, Prophezeiung und Silvester. Es geht außerdem um Groß und Klein, um Zusammen- und Getrenntschreibung, um verbindende Striche und trennende Häkchen. Machen Sie Ihr Kreutzchen (oder Kreuz'chen?) – oder besser: Kreuzen Sie einfach das Richtige an!

1.

1 Ich begrüße Sie zum großen Test! Dafür bedarf es gar nicht vieler Worte, es genügen diese zwei:

a Herzlich willkommen!

b Herzlich Willkommen!

2 Mein Neffe steht auf Christina Aguilera! Er findet, sie hat eine ...

a Wahnsinns Stimme

b Wahnsinnsstimme

c wahnsinns Stimme

d Wahnsinns-Stimme

Schildkröten können lange unter Wasser bleiben. Doch in regelmäßigen Abständen müssen sie an die Oberfläche, und zwar ...

3

a zum Luft holen und Sonne tanken

b zum Luftholen und Sonnetanken

c zum luftholen und sonnetanken

d zum Luft Holen und Sonne Tanken

Das Gewebe aus Muskeln und Sehnen, welches Brust- und Bauchhöhle voneinander trennt, wird von Medizinern *Diaphragma* genannt. Wie heißt es auf Deutsch?

4

a Zwergfell

b Zwerkfell

c Zwerchfell

d Zwärchfell

5

Häk'chen sind beliebt, so scheint's.
Richtig aber ist hier nur eins! Welche's?

a Montag's geschlossen!

b Morgen's bis abend's

c CD's und DVD's

d KIWI's UND MANGO's

e Alles für's Kind

f nimm' mich mit

g Theater am Ku'damm

h Heut' wird gefeiert!

Manchen Menschen fehlt die Courage. Sie haben kein ...

a Rückrat

b Rückgrat

c Rückrad

d Rückgrad

»Wo steckst du?«, fragte der Luchs. »Ich bin hier«, erwiderte der Fuchs, »hinter dem ...«

a Bugsbaum

b Buxbaum

c Buchsbaum

d Bucksbaum

8 Fragt der eine: »Wie geht's? Wie steht's?« – Sagt der andere: »Alles wie immer! Alles okay! Alles läuft bestens …«

a wie eh und je!

b wie Eh und Je!

c wie eh und jeh!

d wie eh' und je!

9 Schlimmer geht's nimmer? Besser geht's immer! Ein anderes Wort für »immer« und »immerzu« lautet:

a steht's

b stehts

c stets

d stetz

Die Ansprüche an den Wohnungsbau sind konstant gestiegen. Heute gelten als selbstverständlich:

a ein Familien gerechter Grundriss und
Behinderten freundliche Zuwege

b ein Familien-gerechter Grundriss und
Behinderten-freundliche Zuwege

c ein familiengerechter Grundriss und
behindertenfreundliche Zuwege

d ein familien-gerechter Grundriss und
behinderten-freundliche Zuwege

Möglicherweise ist der gute Schultze etwas einfältig. Der Chef hält ihn gar für einen ...

a einfallslosen Einfallspinsel

b einfallslosen Einfaltspinsel

c einfaltslosen Einfallspinsel

d einfaltslosen Einfaltspinsel

»Jetzt ist Schluss!«, tobte der Trainer und drohte:
»Entweder ihr reißt euch zusammen, oder ihr ...«

a seit entgültig raus!

b seit endgültig raus!

c seid endgültig raus!

d seid entgültig raus!

Wenn Sie sich im Theater zu Tode gelangweilt haben, dann war das Stück offenbar ...

13

a totlangweilig

b todlangweilig

c Tod langweilig

Erst hat ihn das Glück verlassen, dann war's das Geld, das ihn verließ, und schließlich brachten ihn die Schulden ins ...

14

a Verließ

b Ferlies

c Verlies

d Ferließ

e Verliess

15

Das hat der Apotheker nun davon: Jetzt ist das Meersalz tot, dabei soll es doch belebend wirken! Wie hätte er es richtig schreiben müssen?

a Totes-Meer-Salz

b Totes Meer Salz

c Totesmeersalz

d Totes Meer-Salz

e Totes-Meer Salz

Narziss betrachtete sein Antlitz voller Entzücken, das der See in gar herrlicher Weise ...

16

a widerspiegelte

b wieder spiegelte

c wiederspiegelte

d wider spiegelte

Kikeriki und kikeriko: Warum ist der Hahn so froh?

17

a Der Hahn hat lauter gackernde Hühner um sich geschaart.

b Der Hahn hat lauter gackernde Hühner um sich geschart.

c Der Hahn hat lauter gackernde Hühner um sich gescharrt.

Wer für Geld arbeitet, der arbeitet gegen ...

18

a Entgelt

b Entgeld

c Endgelt

d Endgeld

19 »Ich warne dich, Luigi, mein Freund«, fauchte Don Alfredo und fuchtelte dabei mit seiner Waffe, »mach bloß keine ...«

a Spirenzchen

b Sperenzchen

c Spirinzien

d Spirenzien

e Sperenzien

20 Wenn zwei einander gleichen wie ein Ei dem anderen, so gibt es dennoch Unterschiede. Und man stellt fest:

a Des Gleichen gilt auch für das Selbe und das Gleiche.

b Desgleichen gilt auch für dasselbe und dasgleiche.

c Des gleichen gilt auch für das selbe und das gleiche.

d Desgleichen gilt auch für das Selbe und das Gleiche.

e Desgleichen gilt auch für dasselbe und das Gleiche.

Der, die, das – und plötzlich Plural!

Die deutsche Sprache ist wie eine verwöhnte Diva: immer kompliziert, selten logisch und nie zufrieden mit dem, was sie hat. So leistet sie sich unter anderem den Luxus dreier Geschlechter. Bei deren Verteilung scheint es vollkommen willkürlich zugegangen zu sein. Nehmen wir nur das Essbesteck: Warum ist »Gabel« weiblich und »Messer« sächlich – und was ist das Männliche an einem »Löffel«? Auch beim Übergang von der Einzahl in die Mehrzahl häufen sich die Ungereimtheiten: So reimt sich »Gabel« zwar auf »Schnabel«, aber »die Gabeln« nicht mehr auf »die Schnäbel«. In diesem Kapitel gilt es, sich vom Tanz der Geschlechter nicht verwirren zu lassen, und sollten Sie beim Wechsel in die Mehrzahl weiche Knie bekommen, vergewissern Sie sich, dass es keine Kniee sind!

2.

21 Werden Grillwürstchen auf *den* Rost gelegt oder auf *das* Rost?

a auf *den* Rost, denn es heißt »der Grillrost«

b auf *das* Rost, denn es heißt »das Grillrost«

22 Die Entdeckung des Dynamits war Alfred Nobels ...

a wesentlicher Verdienst

b wesentliches Verdienst

23 Der ehemalige US-Präsident George W. Bush plante den Bau eines satellitengestützten Antiraketenschilds. Damit stürzte er die deutschsprachige Presse in große Verunsicherung: Wie heißt es in Singular und Plural richtig?

a das Antiraketenschild, die Antiraketenschilde

b das Antiraketenschild, die Antiraketenschilder

c der Antiraketenschild, die Antiraketenschilde

d der Antiraketenschild, die Antiraketenschilder

Heute wollen wir uns amüsieren! Auf jeden Fall werden wir ...

a) kein Trübsal blasen!

b) keine Trübsal blasen!

c) keinen Trübsal blasen!

25 Einige Endungen lassen eindeutige Rückschlüsse auf das Geschlecht zu – so wie »-heit« und »-keit« oder »-ung« und »-ion«, die immer weiblich sind. Bei anderen Endungen ist die Sache weniger eindeutig. Wie verhält es sich mit der Endung »-nis«? Wörter, die auf -nis enden, sind ...

a allesamt weiblich

b allesamt sächlich

c teils weiblich, teils männlich

d teils weiblich, teils sächlich

e teils weiblich, teils männlich, teils sächlich

26 Als es Zeit wurde, ins Bett zu gehen, spielte der Professor für den elternlosen Knaben ein Gutenachtlied. Anders gesagt:

a Der Weise spielte dem Weisen eine Weise.

b Der Weise spielte dem Waisen eine Weise.

c Der Weise spielte dem Weisen eine Waise.

d Der Weise spielte der Waise eine Weise.

e Der Weise spielte der Weisen eine Waise.

f Der Weise spielte der Waisen eine Weise.

Seit zwei Tagen leidet die Patientin an Übelkeit und Durchfall. Der Arzt stellt fest: »Sie haben sich was eingefangen, und zwar ...«

a ein Magen-Darm-Virus

b einen Magen-Darm-Virus

Aus dem Ungarischen kam das Wort »Paprika« in unseren Sprachgebrauch. Es kann dreierlei bezeichnen: ein Gewürz, das Gemüse im Allgemeinen und die Schote im Besonderen. Welches Geschlecht hat »Paprika«, wenn das Gewürz gemeint ist?

a der Paprika

b die Paprika

c das Paprika

Das Maskottchen der Fußballweltmeisterschaft 2010 war ein Meeresbewohner namens Paul. Er konnte alle Ergebnisse korrekt vorhersagen, einschließlich der deutschen Niederlage gegen Spanien im Halbfinale. Daher ist er jetzt auch tot. Was für ein Tier war Orakel Paul?

a ein Krake (der Krake, männlich)

b eine Krake (die Krake, weiblich)

c ein Kraken (der Kraken, männlich)

Der achtarmige Tintenfisch ist auch als Oktopus bekannt. Weniger bekannt ist dessen Mehrzahl. Wie lautet sie?

a) Oktopusse

b) Oktopussi

c) Oktopus (mit langem u)

d) Oktopoden

e) Oktopoï

f) Oktopi

»Du Aas!«, schrie Leon seinen Bruder an. »Selber Aas!«, rief der zurück. Der Vater schüttelte den Kopf: »Ihr seid mir vielleicht zwei ...«

31

a) Aase

b) Äse

c) Äser

d) Aaser

Drei der folgenden umgelauteten Pluralformen sind vor allem im süddeutschen Sprachraum verbreitet, nur eine ist standardsprachlich. Welche?

32

a) ein Bogen, zwei Bögen

b) ein Wagen, viele Wägen

c) ein Magen, zwei Mägen

d) ein Kragen, mehrere Krägen

33

Wer in der Einzahl den Abend wie den Morgen liebt, der liebt in der Mehrzahl ...

a die Morgen wie die Abende

b die Morgenden wie die Abenden

c die Morgene wie die Abende

d die Morgende wie die Abende

Früher – und vielleicht auch noch heute – existierten im Verborgenen zahlreiche ...

34

a Geheimbunde

c Geheimbunds

b Geheimbünde

d Geheimbünder

Wer alle Daten auswendig kennt, der kennt jedes einzelne ...

35

a Dat

d Datix

b Data

e Datum

c Dato

f Date

Den Block gibt es einerseits als kompaktes, massives Etwas – und andererseits als etwas Zusammengesetztes, Geschichtetes. In der Einzahl ist der eine Block vom anderen Block nicht zu unterscheiden. In der Mehrzahl aber schon: Da gibt es Blöcke und Blocks. Welches der folgenden Mehrzahlwörter ist falsch?

36

a Granitblöcke

d Motorblocks

b Eisblöcke

e Legoblöcke

c Wohnblocks

f Notizblocks

37 Welches der folgenden »Land«-Wörter wird im Plural nicht zu »Länder«, sondern zu »Lande«?

a Binnenland

e Inselland

b Bundesland

f Kernland

c Eiland

g Nachbarland

d Förderland

h Urlaubsland

38 In den 90er-Jahren kam der Begriff »Generation Praktikum« auf: Die Wirtschaft sparte zunehmend an sicheren Arbeitsplätzen und festen Löhnen; junge Menschen leisteten daher immer mehr ...

a Praktika

c Praktikums

b Praktikas

d Praktiken

39 Renate konnte sich mal wieder nicht entscheiden. Sollte sie die gegrillten Langusten nehmen, das Risotto mit Garnelen oder eine große Portion ...

a Scampis

c Scampos

b Scampi's

d Scampi

Wenn das spanische Gesangsduo Baccara auftritt und mit vorgetäuschter Keuschheit »Sorry, I'm a Lady« haucht, dann stehen auf der Bühne ...

a) zwei Ladies   **c)** zwei Ladys

b) zwei Ladie's   **d)** zwei Lady's

3.

Can you
English?

Sale, Flatrate, Servicepoint, Flyer, Label, Workflow, Meeting, Lobby, Wellness, all-inclusive – das Englische ist aus dem Deutschen nicht mehr wegzudenken. Aber so gerne wir englische Wörter auch benutzen, so unsicher sind wir doch bisweilen, was die Schreibweise betrifft. Supermärkte preisen ihr Obst schon mal als »Extra Sweat«, also »Extra-Schweiß« an, und Kaufhäuser führen Mode für Schlanke in der »Slime Line«, der Schleimlinie. Das kann Ihnen nicht passieren? Dann werden Sie dieses Kapitel totally easy finden. Have fun, enjoy yourself!

41 Das englische Wort für »Verlierer« und »Versager« wird [lu:zer] gesprochen. Wie wird es im Deutschen korrekt geschrieben?

a Looser   c Loozer

b Loser   d Lozer

42 Was für die einen der Trainer, das ist für andere der ...

a Coach   c Caoch

b Couch   d Codge

43 Für das englische Wort »Laptop« empfiehlt die »Aktion lebendiges Deutsch« den Deutschsprechenden eine Alternative. Wie lautet sie?

a Schoßaufsatz

b Taschencomputer

c Notebook

d Klapprechner

44

Teigringe, Spritzringe, Krapfen, Schmalzkringel –
all das sind deutsche Wörter für eine amerikanische
Klebrigkeit namens ...

a　Dounats

b　Dounuts

c　Donauts

d　Doanuts

e　Doughnuts

f　Doughnats

g　Dougnuts

h　Dognuts

45 Wenn ein US-Konzern seinen Marktwert mit »4.3 billion« Dollar angibt, wie viele Dollar sind es dann auf Deutsch?

a) 4,3 Billionen Dollar

b) 4,3 Billiarden Dollar

c) 4,3 Milliarden Dollar

d) 430 Millionen Dollar

46 Willkommen an Bord! Die Aufsicht über das Kabinen-personal, sozusagen der Leiter der Flugbegleiter, nennt sich ...

a) Perser

c) Purser

b) Persor

d) Pursor

47 Für den Empfang von Fernsehprogrammen über Satellit braucht man einen ...

a) Reciever

c) Resiever

b) Reseaver

d) Receiver

Die allseits beliebte Ofenkartoffel in der appetitlichen Aluminiumfolie wird auch gerne auf Englisch angeboten. Wie heißt sie dann?

48

a Baked potatoe

b Bakepotato

c Baked potato

d Bakepotatoe

e Backpotatoe

f Backpotato

Lust auf Körperschmuck? Hier hätten wir sechs verschiedene Möglichkeiten, die äußere Erscheinung mit Nadeln und Farben dauerhaft zu ver(un)schönern. Welche Variante wählen Sie?

49

a Tatoos & Piercings

b Tattos & Pearcings

c Tattoes & Piercings

d Tattoos & Piercings

e Tatoes & Pearcings

f Tattoos & Pearcings

Ein Knüller, ein echter Kassenschlager ist auf gut Denglisch ein ...

a Blockbuster

b Block Buster

c Block Baster

d Blockbaster

Pizza 3,- €

nur

außer Nr. 36 nicht

Salat 3,- €

nur

außer Nr. 239 nicht

ChickenWrings

5 Stück **2,60 €**

Chicken – Nagets

6 Stück **2,- €**

ChickenWrings und Nagets? Hier scheint die Rechtschreibung vor die Hühnchen gegangen zu sein! Wie heißen die frittierten Formfleischklumpen wirklich?

a Chicken-Naggets

b Chicken-Nagets

c Chicken-Nugets

d Chicken-Nuggets

e Chicken-Nuckets

f Chicken-Nackets

52 Der Held in Walt Disneys erfolgreichstem Zeichentrickfilm ist ein junger Löwe namens Simba. Der Originaltitel des Films lautet »The Lion King«. Wie ist das am treffendsten zu übersetzen?

a Der König der Löwen

b Der Löwenkönig

c Der König der Tiere

d Der Löwen König

53 Andere Zeiten, andere Moden. Manchmal sind es auch einfach nur die Bezeichnungen, die sich ändern, während die Mode eigentlich die gleiche bleibt. Stöckelschuhe heißen heute Pumps, und Turnschuhe nennt man ...

a Sneekers

b Sneakers

c Sneaker

d Snickers

Englisch ist die Sprache der Geschäftswelt, der Marketingleiter, Werbefachleute und Börsenmakler, und die werden vom vielen Performen, Updaten, Relaunchen und Customizing irgendwann hungrig, und dann brauchen sie einen ...

a Biznesslunch

b Busineslunch

c Businesslunch

d Bussines Lunch

e Bizness Lunch

f Business Lunch

55 Als Gabi beim Aufräumen der Petticoat ihrer Mutter in die Hände fiel, fasste sie den Entschluss, die alten Zeiten wieder aufleben zu lassen, und zwar mit einer fröhlichen und ausgelassenen ...

a Rock n Roll Party

b Rock n Roll-Party

c Rock-n-Roll Party

d Rock-n-Roll-Party

e Rock 'n Roll Party

f Rock 'n Roll-Party

g Rock-'n-Roll-Party

h Rock-'n-Roll-Party

i Rock n' Roll Party

j Rock n'-Roll-Party

k Rock-n'-Roll Party

l Rock-n'-Roll-Party

m Rock 'n' Roll Party

n Rock 'n' Roll-Party

o Rock-'n'-Roll Party

p Rock-'n'-Roll-Party

q Rock'n'Roll Party

r Rock'n'Roll-Party

Der Computer meldet, das neue Programm könne installiert werden, denn es wurde erfolgreich ...

a downgeloadet

b gedownloadet

c downgeloaded

d gedownloaded

Wer sich in eine günstige Ausgangslage gebracht hat oder in einem bestimmten Segment die Marktführerschaft übernommen hat, der befindet sich in der ...

a Polposition

b Poolposition

c Poleposition

d Pooleposition

»Handy« bedeutet für Briten und Amerikaner ...

a Mobiltelefon

b praktisch

c händisch

d schnurlos

59

Der Minister nahm sich vor, die Vorstände der Fluggesell-schaft bei nächster Gelegenheit ordentlich abzukanzeln. So ging es nämlich nicht weiter: Schon wieder wurde sein Wochenendflug ...

a gecancelled

b gecancellt

c gecanceled

d gecancelt

60

Nur eine Schreibweise für den elektronischen Brief entspricht den Regeln der deutschen Rechtschreibung. Nämlich welche?

a EMail

b e-Mail

c E-mail

d E-Mail

e e-mail

f eMail

g E Mail

h e mail

i email

j Email

NdR –
Nach der Reform

Ein kultureller Prozess, der die Deutschen über zehn Jahre lang beschäftigte, war die Rechtschreibreform. Viele hielten sie für ein Ärgernis, und das nicht zu Unrecht, denn die Reform, die eigentlich vieles einfacher machen sollte, enthielt zahlreiche Ungereimtheiten, durch die das Schreiben eher komplizierter als einfacher wurde. Die meisten der Änderungen wurden wieder zurückgenommen; einige blieben jedoch bestehen. Seit 2006 gilt die neue deutsche Rechtschreibung verbindlich. In diesem Kapitel können Sie testen, inwieweit Sie auf der Höhe der Zeit sind.

4.

61 Vor der Reform war es den Leuten ein Greuel, wenn ihre Blumen von den Gemsen mit Stumpf und Stengel gefressen wurden. Und heute?

a Heute ist es den Leuten ein Greuel, wenn ihre Blumen von den Gemsen mit Stumpf und Stängel gefressen werden.

b Heute ist es den Leuten ein Gräuel, wenn ihre Blumen von den Gemsen mit Stumpf und Stengel gefressen werden.

c Heute ist es den Leuten ein Gräuel, wenn ihre Blumen von den Gämsen mit Stumpf und Stängel gefressen werden.

d Häute ist es den Läuten ein Gräuel, wenn ihre Blumen von den Gämsen mit Stumpf und Stängel gefrässen werden.

62 Die neue Rechtschreibung lässt zwei Formen für den schlimmsten aller Träume zu: Albtraum und Alptraum. Welche galt vorher, also bis in die 90er-Jahre, als die allein richtige?

a Alptraum

b Albtraum

Auch das bekannteste aller australischen Beuteltiere wurde ein Opfer der Rechtschreibreform. Wie schreibt man es hierzulande nunmehr korrekt?

a Känguruh

b Kangaroo

c Känguru

d Kängoru

64 Neben erdölerzeugenden Ländern und milchverarbeitenden Betrieben sind nach neuer Rechtschreibung auch getrennt geschriebene Erdöl erzeugende Länder und Milch verarbeitende Betriebe zulässig.
Welche der folgenden Verbindungen aus Substantiv (Hauptwort) und Partizip (Mittelwort) lässt sich aber nicht in zwei Wörtern schreiben?

a glückverheißend

b furchterregend

c freudestrahlend

d angsteinflößend

65 Was kann man nach neuer Rechtschreibung in der Freizeit *nicht* mehr tun?

a eislaufen

b kopfstehen

c radfahren

d langlaufen

**Auf die Plätze, fertig, los! Das französische Wort »placer«
in der Bedeutung »aufstellen«, »an einen bestimmten Platz
legen« gelangte schon vor geraumer Zeit ins Deutsche.
Seitdem hat es sich buchstäblich ein paarmal verändert.
Wie wird es nach neuer Rechtschreibung geschrieben?**

a placieren

b plazieren

c platzieren

d platsieren

**Viele Menschen arbeiten von früh bis spät. Das ist jedoch
nicht zu jeder Tageszeit erlaubt. Welche ist durch die
Reform unzulässig geworden?**

a Montagmorgen

b heute mittag

c mittwochs abends

d morgen früh

68 Welches der folgenden Dinge dürften Sie – zumindest unter orthografischen Gesichtspunkten – im Baumarkt nicht bekommen?

a) Dämmmaterial

b) Pappplatten

c) Stofffarben

d) Grasssaat

e) Pinnnadeln

f) Kontrolllampen

69 Interessieren Sie sich für günstige Angebote und große Auswahl? Dann hätten wir hier etwas für Sie!

Welche eingedeutschte Schreibweise des Wortes »Portemonnaie« ist seit der Rechtschreibreform zulässig?

01 Portmonai

02 Portmonaie

03 Portmonais

04 Portmoney

05 Portmonei

06 Portmoné

07 Portmone

08 Portmonee

09 Portmonée

10 Portmonnai

11 Portmonney

12 Portmonnei

13 Portmonné

14 Portmonnee

15 Portmonnée

16 Portemonai

17 Portemonaie

18 Portemonais

19 Portemoney

20 Portemonei

21 Portemoné

22 Portemone

23 Portemonee

24 Portemonée

25 Portemonnai

26 Portemonney

27 Portemonnei

28 Portemonné

29 Portemonnee

30 Portemonnée

70 **Welcher der folgenden Sätze steht nicht im Einklang mit der postreformatorischen Lehre von der Groß- und Kleinschreibung?**

a Er hat in vielem recht, aber nicht in allem.

b Er hat in Vielem Recht, aber nicht in Allem.

c Er hat in Vielem Recht, aber nicht in allem.

d Er hat in Vielem recht, aber nicht in allem.

e Er hat in vielem Recht, aber nicht in allem.

71 **Anredepronomen dürfen heute auch kleingeschrieben werden. Allerdings nicht alle. Welches der folgenden Beispiele ist falsch?**

a Willst du nicht mal wieder Urlaub machen?

b Ich dachte dabei auch an deine Familie!

c Ich hoffe, es hat euch in Florenz gefallen!

d Sehr geehrter Kunde, wir werden ihre Bestellung schnellstmöglich bearbeiten!

e Seid ihr beiden gut miteinander ausgekommen?

f Hast du ihre Schwester getroffen?

Das scharfe S, auch Eszett oder Ringel-s genannt, wurde mit der Rechtschreibreform in Deutschland nicht etwa abgeschafft, sondern lediglich einem veränderten Reglement unterworfen. Welcher Doppel-s-Fall ist falsch?

a) Er ist ein Ass im Sport.

b) Ich warte noch auf das Messergebnis.

c) Mit freundlichen Grüssen!

d) Pippi treibt in einem Fass auf dem Fluss.

e) Fiffi ist ein Name für Schlosshunde
und für Schoßhündchen.

f) Zur Beantwortung dieser Frage
muss ich mehr Muße haben.

Arme Hunde! Nach welchem Schild sollen sie sich richten?

a

WIR
MÜSSEN
DRAUSSEN
BLEIBEN

b

WIR
MÜßEN
DRAUßEN
BLEIBEN

c

WIR
MÜSSEN
DRAUßEN
BLEIBEN

Seit die Rechtschreibung reformiert ist, schreibt man »Quäntchen« mit »ä«. Davor schrieb man es »Quentchen«. Welche Schreibweise wird der Herkunft des Wortes eher gerecht – und mit welcher Begründung?

a Die neue Schreibweise mit »ä«, denn Quäntchen kommt vom lateinischen Wort »quantum« (»wie viel« = angemessene Menge, Anteil).

b Die alte Schreibweise mit »e«, denn Quentchen kommt von Quent, einer alten deutschen Gewichtseinheit, die wiederum auf »quint« (Fünf, ein Fünftel, von lat. »quintinus«) zurückgeht.

c Die neue Schreibweise mit »ä«, denn Quäntchen kommt vom lateinischen Wort »quant« (kleinstes Energieteilchen).

d Die neue Schreibweise mit »ä«, denn Quäntchen kommt vom lateinischstämmigen Wort »Quantität« (Menge, Anzahl).

75 Neben »Portemonnaie« und »Känguruh« wurden mit der Reform noch zahlreiche weitere Fremdwörter verändert. Welches der folgenden Beispiele ist allerdings auch nach neuer Rechtschreibung falsch?

a Biografie

b Corpus Delicti

c Delfin

d potenziell

e Tolleranz

f Varietee

76 Welches der folgenden Wörter wird nicht (mehr) mit Doppel-k geschrieben?

a akkurat

b Bakkalaureat

c Makkaroni

d Mokka

e okkult

f Sakko

g Streptokokken

h Stukkateur

Manche Auslegungen der Rechtschreibreform
schießen weit über das Ziel hinaus. Welches
»Feeling« wird hier in Wahrheit beschworen?

- einfach irre Even...
- immer faire Preise
- Abriss-Ski-Feeling
- gute Laune garantiert
- cooler Bergwerkstollen

a Apreski-Feeling

b Après-Ski-Feeling

c Aprés-Ski-Feeling

d Apré-Ski-Feeling

e Apris-Ski-Feeling

f Aprês-Ski-Feeling

78 **Welche Trennung des Wortes »Industrie« ist heute unzulässig?**

a In-du-strie

b In-dus-trie

c In-dust-rie

79 **Kritiker wollten die Rechtschreibreform einst »zunichte machen«. Aus heutiger (Schreib-)Sicht gelang es ihnen nicht, die Reform ...**

a zu nichte zu machen

b zunichtezumachen

c zunichte zu machen

d zu Nichte zu machen

e zu nichtezumachen

Jede größere Stadt leistet sich eine internationale Tagungs-stätte. Von den folgenden möglichen Schreibweisen findet sich nur eine einzige in der aktuellen Duden-Ausgabe des Jahres 2009. Welche ist es?

01	Congress Centrum	17	Kongress Centrum
02	Congress-Centrum	18	Kongress-Centrum
03	CongressCentrum	19	KongressCentrum
04	Congresscentrum	20	Kongresscentrum
05	Congreß Centrum	21	Kongreß Centrum
06	Congreß-Centrum	22	Kongreß-Centrum
07	CongreßCentrum	23	KongreßCentrum
08	Congreßcentrum	24	Kongreßcentrum
09	Congress Zentrum	25	Kongress Zentrum
10	Congress-Zentrum	26	Kongress-Zentrum
11	CongressZentrum	27	KongressZentrum
12	Congresszentrum	28	Kongresszentrum
13	Congreß Centrum	29	Kongreß Zentrum
14	Congreß-Zentrum	30	Kongreß-Zentrum
15	CongreßZentrum	31	KongreßZentrum
16	Congreßzentrum	32	Kongreßzentrum

Das bisschen Grammatik ...

Konjunktiv, Imperativ, Genitiv – schon bei der Erwähnung dieser Wörter bekommt manch einer eine Gänsehaut, und das nicht unbedingt aus Wohlbehagen. Während die Wörter die Bausteine unserer Sprache sind, ist die Grammatik ihr Gerüst. Der Stil ist der Putz. Auf den kann man beim Hausbau zur Not verzichten, nicht aber auf die tragenden Elemente. Wer in der Sprache wohnen will, muss sich ihren Aufbau erschließen, vom Fundament bis zum Dachstuhl. Darum heißt es in diesem Kapitel: Helm aufsetzen und rauf aufs Gerüst!

5.

81

Politiker versprechen Abhilfe – in jedem Fall. Aber nur in einem ist es richtig!

a Wir werden uns die Probleme annehmen.

b Wir werden uns der Probleme annehmen.

c Wir werden uns der Problemen annehmen.

d Wir werden uns den Problemen annehmen.

82

Bei dieser Frage wird nicht gekniffen: Nur eine der folgenden Perfektformen ist wirklich perfekt, das heißt regelgemäß. Welche ist es?

a gestriffen

b gebackt

c gebaden

d gekreischt

e gewunken

f geschalten

Befehlen will gelernt sein! Welche der folgenden Befehlsformen ist nicht standardsprachlich?

a Bewirb dich bei uns!

b Tritt ruhig näher!

c Iss dich satt!

d Steh zu deinen Schwächen!

e Genieße den Augenblick!

f Treffe keine unüberlegten Entscheidungen!

g Näh die Teile wieder zusammen!

h Stich dir bloß nicht in den Finger!

Der zweite Fall versteckt sich in vielen geläufigen Wendungen. In welchem der Beispiele kommt der Genitiv zu kurz?

a am Morgen eines jeden Tages

b die Wurzel allen Übels

c zu Beginn diesen Monats

d im April nächsten Jahres

85 Ja, ist es denn die Möglichkeit? Am Konjunktiv dürfte, müsste und sollte es nicht scheitern. Welche der folgenden Möglichkeitsformen ist streng genommen eine Unmöglichkeit?

a Ich möchte das nicht.

b Er bräuchte sich nicht so zu beeilen.

c Wir würden sonst alle krank.

d Du könntest das besser!

86 Die Anredepronomen »du«, »dir«, »dein« und »dich« darf man heute in Briefen kleinschreiben, ohne dass dies als respektlos ...

a gelte

d gölte

b gülte

e gildete

c gälte

f gildte

87 Klasse kann man sein und haben. Wenn Sie diese Frage richtig beantworten, dann haben Sie ...

a ein klasse Ergebnis

b ein Klasse Ergebnis

c ein klasses Ergebnis

d ein Klassenergebnis

»Kennen Sie die Stadt Augsburg und ihre Puppenkiste?« – »Aber selbstverständlich! Ein jeder kennt
doch ...«

a   Augsburg und ihre Puppenkiste

b   Augsburg und seine Puppenkiste

89 **Stark bleiben oder schwach werden? Wie beugt man uns Deutsche(n)?**

a Wir Deutsche entscheiden für uns als Deutsche.

b Wir Deutschen entscheiden für uns als Deutschen.

c Wir Deutschen entscheiden für uns als Deutsche.

d Wir Deutsche entscheiden für uns als Deutschen.

90 **Welches der folgenden Dinge gibt es nicht geschliffen, sondern höchstens geschleift?**

a Rasierklingen

b Stadtmauern

c Diamanten

d Worte

Könnten Sie mir beim Flechten helfen? Dann wäre ich Ihnen zu Dank verflochten! Welche Gruppe ist richtig?

a ich flechte, du flechtest, er flechtet

b ich flechte, du flechtest, er flicht

c ich flechte, du flichst, er flicht

d ich flechte, du flichtst, er flicht

92 Dass die Reisegruppe kaum etwas verstanden hat, lag daran, dass der Fremdenführer Deutsch nur ...

a geradebrecht hat.

b geradebrochen hat.

c radegebrochen hat.

d radegebrecht hat.

93 Toller Vorschlag: Wir können zu dritt ins Kino gehen, ...

a wenn du und dein Freund Lust hast.

b wenn du und dein Freund Lust hat.

c wenn du und dein Freund Lust habt.

d wenn du und dein Freund Lust haben.

Hängen, hing, gehangen oder hängen, hängte, gehängt? Es gibt beide Formen, und zwar mit unterschiedlichen Bedeutungen. Ergänzen Sie den folgenden Satz:

94

»Man ... den Picasso links neben den Cézanne, der seinerseits neben einem Monet ...«

a hängte ... hängte

b hing ... hing

c hing ... hängte

d hängte ... hing

Nehmen Sie eine Prise Präteritum und eine Messerspitze Konjunktiv und vollenden Sie diesen Auszug aus den unveröffentlichten »Bekenntnissen eines Nichtschwimmers«:

95

»Ich schwimme für mein Leben gern, darum ... ich auch gestern, und wenn ich dabei nicht ertrunken wäre, dann ... ich auch morgen wieder.«

a schwamm – schwämme

b schwomm – schwämme

c schwamm – schwömme

d schwomm – schwömme

Der Burdsch Chalifa in Dubai ist mit 828 Metern das höchste Bauwerk der Welt. Daneben wirkt der Eiffelturm mit seinen 300 Metern fast wie ein Zwerg. Wie verhalten sich die beiden Bauwerke grammatisch zueinander?

a Der Burdsch Chalifa ist fast dreimal größer wie der Eiffelturm.

b Der Burdsch Chalifa ist fast dreimal größer als wie der Eiffelturm.

c Der Burdsch Chalifa ist fast dreimal größer als der Eiffelturm.

d Der Burdsch Chalifa ist fast dreimal so groß wie der Eiffelturm.

Die Eltern ließen sich ihre Besorgnis nicht anmerken und taten so, ...

a als sei alles in Ordnung.

b als wäre alles in Ordnung.

Ab mit euch in die Zukunft! Dazu müsst ihr heute freilich wissen – oder aus zukünftiger Sicht gewusst haben –, wie das Futur II von »ihr seid« gebildet wird.

a ihr werdet sein

b ihr werdet geworden sein

c ihr werdet gewesen sein

d ihr werdet gewesen worden sein

Eintritt frei für Kinder ...

a bis zu 12 Jahren

b bis zu 12 Jahre

Darf das Kind das wirklich?

a Dass das das darf, dass darf ja wohl
nicht wahr sein!

b Das das das darf, dass darf ja wohl
nicht wahr sein!

c Das dass das darf, das darf ja wohl
nicht wahr sein!

d Dass das das darf, das darf ja wohl
nicht wahr sein!

Trefflich ausgedrückt

Die Suche nach dem passenden Ausdruck ist eine immerwährende Beschäftigung, nicht nur für Wort-Profis wie Schriftsteller, Redenschreiber und Journalisten. Viele Wörter ähneln einander auf geradezu heimtückische Weise, und man läuft ständig Gefahr, sich für das falsche zu entscheiden: Was wird verwahrt und was verwehrt? Ist sensitiv und sensibel dasselbe? Was ist der Unterschied zwischen hin und her und zwischen -fähig und -bar? Dieses Kapitel betrifft jeden wörtlich, der gerne das rechte Wort trifft.

6.

101

Schneller und immer schneller rauschte die Lawine ins Tal ...

a) herab

b) hinab

c) herunter

d) hinan

102

Der Bankräuber glaubte fest daran, dass der Überfall gelingen würde. Schließlich war alles bis ins Kleinste ...

a) ausgeklugelt

b) ausgeküngelt

c) ausgeklügelt

d) ausgeklüngelt

Eine Biennale ist ...

a eine zweijährliche Kunstschau

b eine zweijährige Kunstschau

Ich bin einmal ganz durch Deutschland gefahren, das heißt, ich habe das ganze Land ...

a durchgefahren

b durchfahren

Die Dreharbeiten waren sehr anstrengend, denn der Regisseur war ausgesprochen ...

105

a launisch

b launig

Zu den Fähigkeiten der Wikinger zählte auch die Beherrschung ...

 eines Drachen

 eines Drachens

Wofür steht der Einschub in »Das ist, mit Verlaub, eine ziemliche Unverfrorenheit!«?

a) mit Ihrer Genehmigung

b) mit Nachdruck

c) beim besten Willen

d) noch milde ausgedrückt

Sprechen Sie nicht in so einem Ton mit mir! Haben Sie gehört?

a) Ich verbiete mir diesen Ton!

b) Ich verbitte mir diesen Ton!

c) Ich verbete mir diesen Ton!

Die nachstehenden Formulierungen scheinen einander in nichts nachzustehen. Allerdings entsprechen nur zwei dem Sprachstandard. Welche Formulierung ist verkehrt?

a) Was erhoffst du dir davon?

b) Was versprichst du dir davon?

c) Was erwartest du dir davon?

110

Manches passiert so schnell, dass man kaum gucken kann. Anders ausgedrückt: Manches geschieht, ...

a ehe man sich versieht.

b ehe man sich's versieht.

c ehe man sich dessen versieht.

d ehe man's versieht.

111

In dem kleinen Lokal am See werden die Gäste aufs Beste ...

a verköstet

b verköstigt

c verkostet

d verkostigt

Wenn Politiker sich im Wahlkampf ein Rededuell liefern, kommt im Eifer des Wortgefechts guter Stil oft zu kurz. Wählen Sie daher in aller Ruhe und mit Bedacht aus folgenden Möglichkeiten die stilistisch eleganteste:

a Beide Kandidaten erklärten sich für
　　　　　　unfähig, das Land zu regieren.

b Beide Kandidaten erklärten sich gegenseitig für
　　　　　　unfähig, das Land zu regieren.

c Beide Kandidaten erklärten einander für
　　　　　　unfähig, das Land zu regieren.

d Beide Kandidaten erklärten sich einander für
　　　　　　unfähig, das Land zu regieren.

113 **Es lohnt sich, über diese Frage nachzudenken: Wie sagt man es am besten?**

a Das sind Worte, über die
es sich lohnt nachzudenken.

b Das sind Worte, über die
es sich nachzudenken lohnt.

c Das sind Worte, über die
nachzudenken es sich lohnt.

d Das sind Worte, über die
es nachzudenken sich lohnt.

114 **Die Aufsteller von Altkleidercontainern bitten normalerweise um das Einwerfen ...**

a tragfähiger Kleidung

b tragbarer Kleidung

c verträglicher Kleidung

d selbsttragender Kleidung

Wann kommen Träume, Einbrecher und die halbjährliche Zeitumstellung?

a Zu nachts schlafender Zeit

b Zu nachtschlafender Zeit

c Zu Nacht schlafender Zeit

d Zu nachtschlafener Zeit

Jetzt wird es kompliziert: In diesem Satz ist nämlich eine Frage ...

a indiziert

b implementiert

c impliziert

d implantiert

Der Energie-Experte verlangte ein generelles Export-verbot ...

a für sensibilisierte Atomtechnologie

b für sensible Atomtechnik

c für sensitive Atomtechnik

d für sensitive Atomtechnologie

118 **Auf den Tag genau vor 25 Jahren wurde die Buchhandlung am Lumpenplatz eröffnet. Nachbarn, Verlagsvertreter und Kunden gratulieren ...**

a zum 25-jährigen Jubiläum

b zum 25-jährigen Gründungstag

c zum 25. Jubiläum

d zum 25sten Gründungsjahr

119 **Gegen die Behauptung, er sei offensichtlich verwirrt, hatte sich der Angeklagte mit aller Entschiedenheit ...**

a verwahrt

b verwehrt

Formulierungen, die doppelt gemoppelt sind, nennt man Pleonasmen. Welcher der folgenden Ausdrücke ist kein Pleonasmus?

a) Transatlantiküberquerung

b) SMS-Nachricht

c) amtliches Behördendeutsch

d) persönliche Anwesenheit

e) weltweite Globalisierung

f) Zukunftsprognosen

g) Minuswachstum

h) Volksdemokratie

Schöne fremde Wörter

Die deutsche Sprache hat sich im Laufe ihrer Geschichte immer wieder bei anderen Sprachen bedient und Wörter entlehnt: Zehntausende Fachbegriffe wurden importiert und im deutschen Sprachraum heimisch gemacht.

Der Anteil der Fremdwörter liegt zwischen sechs und zwanzig Prozent, je nachdem, ob man den Grundwortschatz oder den Gesamtwortschatz unserer Sprache zugrunde legt. Ohne Fremdwörter wäre unsere Sprache ziemlich arm, ohne Fremdwörter könnte man keinen Eindruck schinden mit Thesen wie dieser: »Das maximale Volumen spezifischer subterraner Agrarprodukte steht in reziproker Relation zur intellektuellen Kapazität ihrer Produzenten.« Ohne Fremdwörter hieße das nämlich bloß: »Die dümmsten Bauern haben die dicksten Kartoffeln.«

121 **Ein Klassiker unter den Fahrgeschäften auf der Kirmes und dem Rummelplatz ist das ...**

a Karussell

b Karrussell

c Karrusell

d Karussel

122 **1869 mischte der französische Chemiker Hippolyte Mège-Mouriès aus Milch, Wasser, Nierenfett und zerstoßenem Kuheuter ein Butter-Ersatzprodukt, das wenig später seinen Siegeszug um die Welt antrat. Unter welchem Namen?**

a Margerine

b Magerine

c Magarine

d Margarine

Diese Gemüsepflanze aus der Familie der Kreuzblütengewächse war bis ins 16. Jahrhundert nur
in Italien bekannt und trägt daher noch heute
einen italienischen Namen. Wie schreibt dieser
sich im Deutschen richtig?

a Brokoli   **c** Brockoli

b Brokkoli   **d** Broccholi

124 Es gibt notorische Lügner genauso wie notorische Besserwisser. Was genau bedeutet »notorisch«?

a krankhaft

b begnadet

c unzweifelhaft

d zwanghaft

e offenkundig

f kenntnisreich

125 Wer eine abfällige Bemerkung macht, der äußert sich ...

a respektierlich

b dispektierlich

c despektierlich

d despiktierlich

Gürtel, Sonnenbrillen, Taschen, Schnallen – was für den einen unentbehrlich zur Vervollständigung des Looks, ist für den anderen bloß Schnickschnack. Die Modebranche verwendet natürlich ein französisches Wort. Wie schreibt man es richtig?

a) Assessoires

b) Accessoires

c) Asseccoires

d) Assessoirs

e) Assesoirs

f) Accesoires

g) Accessouares

h) Assessouares

127 Beim Kochduell der Magier siegte Meister Merlin mit einem aus Krötenschleim, Schlangenaugen und Regenwürmern angerührten, übel riechenden, grünlich schimmernden ...

a Elexier

c Elixier

b Elixir

d Elexir

128

Wenn es wahr ist, was die Zeitung schreibt, dann wurde der Turm, kaum dass man ihn eingeweiht hatte, schon wieder beseitigt. Wie er nun noch als Wahrzeichen dienen soll, bleibt ein Rätsel. All das wäre nicht passiert, hätte die Zeitung ihn nicht für »eliminiert« erklärt, sondern für ...

a illaminiert

c illiminiert

b illeminiert

d illuminiert

Womit fasst man eine überaus empfindliche Person am besten an, wenn man die Samthandschuhe verlegt hat?

129

a) mit Glacéhandschuhen

b) mit Glacéehandschuhen

c) mit Glacehandschuhen

d) mit Glacishandschuhen

Pöbel, Meute, Gesindel, randalierender Haufen, aufrührerische Menge – all das beschreibt das Wort ...

130

a) Mop

b) Mopp

c) Mobb

d) Mob

Ein geschliffener Diamant ist ein ...

131

a) Brilliant

b) Brillant

132

Wer im Auto hinten sitzt, der sitzt im ...

a Front

b Fond

c Font

d Fonds

133

»Eine güldne, gute Tugend: Lüge nie!« ist nicht nur ein gut gemeinter Rat, sondern darüber hinaus ein ...

a Pangramm

b Palindrom

c Oxymoron

d Akronym

**Das Foto, auf dem Renate mit Rémi in Rimini
zu sehen ist, bedeutet ihr viel. Solch wertvolle
Erinnerung nennt man eine ...**

a Remineszenz

b Reminiszenz

c Remenissenz

d Reminissenz

135 **Hier sehen Sie vier Beispiele eines merkwürdigen gleichzeitigen Nebeneinanders. Welches ist richtig geschrieben?**

a skurrile Paralelität

b skurille Parallelität

c skurrile Paralellität

d skurrile Parallelität

136 **Welches der folgenden Fremdwörter wird nicht mit
Doppel-k geschrieben, ist hier also falsch?**

a Akkumulator

b Akkupunktur

c Akkuratesse

d Akkusativ

Man kann sich über vieles lustig machen, man könnte sich aber auch genauso gut darüber ...

a muckieren   **c** mockieren

b mukieren   **d** mokieren

Welcher der folgenden Begriffe bezeichnet ein Produkt der Eiszeit?

a Maräne   **c** Muräne

b Moräne   **d** Marone

Vorbeugen ist besser als Heilen, findet die Krankenkasse und setzt deshalb verstärkt auf die ...

a Profilachse

b Profilaxe

c Prophylachse

d Prophilaxe

e Prophylaxe

f Prophyllaxe

Hier schlägt das Herz.

Levendel

13 cm Topf
Stück

nur € **1.99**

Rosen, Tulpen, Nelken – alle Blumen welken. Doch bevor sie verblühen, verderben und sterben, fragt man sich oft, wie sie eigentlich geschrieben werden! Nur eine der folgenden blühenden Pflanzen ist richtig geschrieben. Welche? (Die günstig angebotene Topfpflanze auf dem Foto ist es schon mal nicht.)

a Amarillis   **g** Fräsie

b Azallee   **h** Glyzenie

c Chrysamthene   **i** Hyazinte

d Dalie   **j** Krokuss

e Flox   **k** Malwe

f Forsythie   **l** Rhodedendron

Punkt, Punkt, Komma, Strich

Mit der Zeichensetzung stehen die meisten Deutsch-schreibenden auf dem Kriegsfuß. Es gibt viele Menschen, die ohne Punkt und Komma reden, ohne dass es zu Missverständnissen kommt. Aber beim Schreiben sind Punkt und Komma unentbehrlich. Darum setzen Sie im folgenden Test ein Zeichen! Oder auch zwei, drei, vier! Oder streichen Sie eines weg. Je, nachdem? Je nachdem!

8.

Ich zähle auf, Sie zählen mit. Wie viele Kommas gehören in diese Reihung? Ich zähle auf Sie!

Manche Autofahrer können gleichzeitig lenken telefonieren ihr Aussehen im Spiegel kontrollieren einen neuen Musiktitel auswählen das Navi programmieren und sich dabei auch noch über andere Verkehrsteilnehmer aufregen.

a kein Komma   **d** drei Kommas

b ein Komma   **e** vier Kommas

c zwei Kommas   **f** fünf Kommas

Welcher Satz ist in Bezug auf die Zeichensetzung unvollständig?

a Otto der Große starb 973 in Memleben.

b Dies ist die Geschichte von Jim Knopf und Lukas dem Lokomotivführer.

c Die Muppet-Show wird von Kermit dem Frosch präsentiert.

d Das Paket wird von Fritz dem Nachbarn abgeholt.

Sind Sie bereits bedient? Dann kommt diese Frage gerade recht! Welcher Satz ist richtig?

143

a) Draußen auf der Terrasse wird heute, und
morgen am Samstag, nicht bedient.

b) Draußen, auf der Terrasse, wird heute und
morgen, am Samstag nicht bedient.

c) Draußen auf der Terrasse wird heute und
morgen, am Samstag, nicht bedient.

d) Draußen, auf der Terrasse wird heute, und
morgen, am Samstag, nicht bedient.

Wie viele Kommas benötigt dieser Satz zu seiner Vervollkommnung?

144

»Ich wollte Sie fragen ob es möglich wäre dass Sie mir in einer Angelegenheit die äußerste Diskretion erfordert einen Rat geben.«

a) kein Komma   **d)** drei Kommas

b) ein Komma   **e)** vier Kommas

c) zwei Kommas   **f)** fünf Kommas

Ist das Komma auf diesem Schild richtig?

a Ja, es ist richtig!

b Nein, es ist falsch.

Und ist dieser Satz hinsichtlich der Kommasetzung korrekt?

Bitte den Spülknopf
so lange drücken,
bis klares Wasser im
Becken steht !
(Sonst stinkt's !)

a) Ja, er ist korrekt.

b) Nein, es fehlt ein Komma.

c) Nein, das Komma ist überflüssig.

Wie viele Kommas benötigt dieser Satz, um vollständig zu sein?

»Nach Abschluss ihres ersten wichtigen Verkaufsvertrages ließen sich die beiden erst kürzlich nach
München gezogenen Immobilienmaklerinnen von
ihrem Chef und der vollzählig angetretenen Belegschaft beglückwünschen und gingen anschließend
zum Feiern in ihr bevorzugtes Restaurant.«

a kein Komma   **d** drei Kommas

b ein Komma   **e** vier Kommas

c zwei Kommas   **f** fünf Kommas

Und wie viele Kommas benötigt dieser Satz?

Es war wie sie vermutet hatte nicht das erste Mal
dass er sie betrogen hatte und würde so sie nichts
dagegen unternahm wohl auch nicht das letzte Mal
gewesen sein.

a kein Komma   **e** vier Kommas

b ein Komma   **f** fünf Kommas

c zwei Kommas   **g** sechs Kommas

d drei Kommas   **h** sieben Kommas

Komma hin, Komma her –
mal geht's leicht, mal fällt es schwer.
Zur Frage nun: In welchem Satz
ist das Komma fehl am Platz?

149

a) Er wollte einerseits meine Freundschaft,
anderseits mein Geld.

b) Er wollte zwar meine Freundschaft,
aber auch mein Geld.

c) Er wollte sowohl meine Freundschaft,
als auch mein Geld.

d) Er wollte nicht nur meine Freundschaft,
sondern auch mein Geld.

Welcher Anzeigentext ist richtig interpunktiert?

150

a) Wir heiraten Samstag, den 16. Juni, um 14 Uhr in
der Marienkirche zu Lübeck.

b) Wir heiraten Samstag, den 16. Juni um 14 Uhr, in
der Marienkirche zu Lübeck.

c) Wir heiraten, Samstag den 16. Juni, um 14 Uhr in
der Marienkirche zu Lübeck.

d) Wir heiraten Samstag, den 16. Juni um 14 Uhr, in
der Marienkirche, zu Lübeck.

151 **Infinitivgruppen stehen meist mit Komma, aber nicht immer. Von den folgenden Sätzen kommt einer ohne Komma aus. Welcher ist es?**

a Du träumst mal wieder anstatt mir zuzuhören!

b Er stellte sich auf die Zehenspitzen um
        nichts zu verpassen.

c Einmal mit einem Fesselballon zu fahren ist
        mein größter Wunsch.

d Hast du Lust ins Kino zu gehen?

e Sie ging ohne sich umzudrehen.

152 **Bei welcher der folgenden Anreden und Grußformeln sollte man besser auf das Komma verzichten?**

a Hallo, Lukas!

b Willkommen, werte Gäste!

c Guten Tag, Frau Rostig-Oberschellenberger!

d Gute Nacht, Freunde!

e Grüß dich, Gott!

f Mensch, pass doch auf!

Bevor wir vom Hölzchen aufs Stöckchen kommen,
kommen wir doch lieber vom Komma auf den Punkt.
Welches der folgenden Beispiele hat sich seinen
Punkt am Ende redlich verdient?

a) Hamburg, den 15. Juni 2011.

b) **Atom-Energie: Merkel will Ausstieg.**

c) Das ist gut. Sogar sehr gut.

d) **Liebe Grüße, Tim.**

e) 19:30 Uhr, Saal 3:
Bis(s) zum Morgengrauen.

Bei dieser Frage wird der Einsatz verdoppelt; denn es geht um den Doppelpunkt. Wie geht es hinter diesem Doppelpunkt weiter:

a) Groß oder klein?

b) groß oder klein?

Pünktchen, Pünktchen, Pünktchen – die gern gesetzte Reihe aus drei Punkten kann Spannung erzeugen oder als vielsagendes Schweigen gedeutet werden. Doch auch für sie gelten Regeln: Wie genau setzt man die Pünktchen?

a) direkt an den letzten Buchstaben...

b) immer erst hinter einem Leerzeichen ...

In welchem der folgenden Fälle gehört zwischen die Adjektive ein Komma?

a) die gute alte Zeit

b) die störrische junge Katze

c) die feine englische Art

d) die berühmte schwarze Kobra

e) das leckere halbe Hähnchen

f) die ganze zweite Stunde

Eine deutsche Baumarktkette warb einige Zeit lang mit dem Spruch

Geht nicht, gibt's nicht.

Wird dieses Komma der Werbeabsicht gerecht?

a) Ja, es wird ihr gerecht.

b) Nein, es wird ihr nicht gerecht.

c) Egal, das kann man halten wie ein Dachdecker!

158 **Wenn einem der Gedanke wich – dann zieht man 'nen Gedankenstrich!**
Der Gedankenstrich, auch Halbgeviertstrich genannt, erfüllt verschiedene Funktionen. Welche gehört *nicht* dazu?

a Kenntlichmachung eines kürzeren — oder längeren — Einschubs

b Verwendung als Ergänzungsstrich: Tee— und Kaffeesorten

c Verwendung als Auslassungszeichen: »Hast du etwa —?«

d Kenntlichmachung einer Gegenüberstellung im Sport: Schalke 04 — Borussia Dortmund

e Verwendung als Bis-Strich: geöffnet Mo. — Fr. 10.00 — 17.30 Uhr

159 **Wer anführt, muss auch abführen. Darum gibt es An- und Abführungszeichen, und das in verschiedenen Ausführungen: deutsche, französische, typografische. Welche sind deutsch?**

a "Sind es diese?", wollte er wissen.

b „Oder sind es diese?", fragte er.

c »Diese sind doch auch ganz schön«, stellte er fest.

d « Diese könnten es ebenfalls sein », dachte er.

e "Oder sollten es diese sein?", fragte er sich.

f „Oder gar diese?", seufzte er.

Wie fast alle Satzzeichen erfüllen auch die Anführungs-zeichen mehrere Funktionen. Von den folgenden Kombinationen ist jedoch nur eine durchgehend richtig. Welche?

a) Kenntlichmachung von Buch- und Filmtiteln, wörtlicher Rede und Änderung der Lesart

b) Kenntlichmachung von indirekter Rede sowie von Schiffs- und Hotelnamen innerhalb eines Textes

c) Kenntlichmachung von Zitaten und Hervorhebung wichtiger Wörter in ihrer eigentlichen Bedeutung

d) Betonung einzelner Wörter, Kenntlichmachung von Eigennamen (z. B. Firmen und Musikgruppen) und wörtlicher Rede.

Sprichwörtlich durch den Kakao gezogen

Redewendungen und Sprichwörter sind das Salz in der Suppe unserer Alltagssprache. Manchmal werden sie aber auch zum Haar in der Suppe. Oder zum Korn im Auge. Denn wie schnell spielt da der Wurm verrückt! Schon ist man auf dem Holzdampfer und sieht den Baum vor lauter Bergen nicht mehr. Dann ist teurer Rat gefragt! Doch bevor Sie gleich ins kalte Messer laufen, müssen Sie in diesem Kapitel erst einmal die Kohlen aus dem Feuer holen.

9.

161 Wer es ordentlich krachen lässt und es reichlich bunt treibt, der ...

a schlägt über die Stränge.

b schlägt über die Strenge.

162 Zu dieser Frage muss jeder eine Kleinigkeit beitragen, und zwar sein ...

a Schäflein

b Scherflein

c Schefflein

d Schärflein

163 Was üblich ist und allgemein, das soll auch recht und billig sein. Sag's nach alter deutscher Rede:

a Das ist bei uns Gang und Gebe.

b Das ist bei uns Gang und Gäbe.

c Das ist bei uns gang und gebe.

d Das ist bei uns gang und gäbe.

Wer nicht besonders helle ist, der ist sprichwörtlich ...

a keine große Kirchenleuchte

b kein großer Kirchenleuchter

c kein großes Kirchenlicht

d kein großes Kirchengeläut

Wer jemandem auf die Schulter klopft und dazu »Hals- und Beinbruch!« sagt, der wünscht dem anderen in Wahrheit ...

a Salz und Wein

b Kraft und Verstand

c Glück und Segen

d Pech und Verderben

166 »Marmor, Stein und Eisen bricht, aber unsere Liebe nicht«, sang Drafi Deutscher 1965. Auf welchen alten Albumvers geht dieser Titel zurück?

a Marmor, Stein und Eisen bricht,
aber Gold und Silber nicht.

b Marmor, Stein und Eisen bricht,
aber unsere Freundschaft nicht.

c Marmorstein wie Eis zerbricht,
wenn der Papst vom Teufel spricht.

d Marmor, Stein und Eisen brechen,
lass uns von was Härt'rem sprechen!

167 Wer oder was verbirgt sich hinter den sprichwörtlichen Ölgötzen?

a Glänzende Steinfiguren aus dem alten Athen

b Zu Salzsäulen erstarrte Ungläubige im
Alten Testament

c Die schlafenden Jünger Jesu

d Heidnische Gottheiten, denen Lampenöl
geopfert wurde

Ob Sonne oder Regenschauer:

Keiner weiß, was kommt, genauer

als der regelfeste Bauer.

Doch nicht alles, was man so sagt und hört, ist auf klugem Mist gewachsen. Welche dieser Bauernregeln ist in Wahrheit gar keine?

a Pflanze nie vor der kalten Sophie!

b Dreht mehrmals sich der Wetterhahn,
                 so zeigt er Sturm und Regen an.

c Zeigt sich Sonne viel im Mai,
                 mäht der Juni schon das Heu.

d Ist der Siebenschläfer nass,
                 regnet's ohne Unterlass.

e Gibt's im März zu vielen Regen,
                 bringt die Ernte wenig Segen.

f Viel Gewitter im Mai, singt der Bauer juchhei.

169

Welches der folgenden teuflischen Sprichwörter gibt es nicht?

a Wenn man vom Teufel spricht, kommt er.

b Der Teufel scheißt immer auf den großen Haufen.

c Der Teufel steckt im Detail.

d Man muss den Teufel bei den Hörnern packen.

e In der Not frisst der Teufel Fliegen.

f Der Teufel ist ein Eichhörnchen.

Und welches der folgenden göttlichen Sprichwörter ist als einziges richtig?

a Den lieben Gott einen alten Mann sein lassen.

b Hilfst du mir, so hilft dir Gott!

c Gottes Mühlen mahlen fein.

d Dein Ohr in Gottes Hand!

e Den hat Gott umsonst erschaffen.

f Der Mensch denkt, Gott lenkt.

171 **Aha, das ist also der wahre Grund! Um es mit einem Sprichwort zu sagen:**

a Da liegt der Hase begraben!

b Da läuft der Hase!

c Da liegt der Hase im Pfeffer!

d Da legt der Hase seine Eier!

172 **Wer sich in einer Zwickmühle befindet, der steckt ...**

a zwischen Bausch und Bogen

b zwischen Himmel und Erde

c zwischen Baum und Borke

d zwischen Tür und Angel

173 **Wem ein kühnes Unterfangen gelingt, der landet einen ...**

a Scoop

b Coup

c Coupe

d Clou

Wer großspurig auftritt, der markiert ...

174

a) den flotten Otto

b) den schönen Emil

c) den dicken August

d) den strammen Max

e) den wilden Matz

Nur eine der nachfolgenden Redewendungen gibt es tatsächlich. Welche?

175

a) Man sollte keine schlafenden Hühner wecken.

b) Er fror wie ein Rohrspatz.

c) Es regnet junge Hunde.

d) Nun lasst mal die Katze im Dorf!

e) Wo brennt der Schuh?

f) Ich könnte Berge ausreißen!

g) Da bist du auf dem Holzdampfer!

176 Man kennt Mutproben, Feuerproben und Zerreißproben. Aber was bedeutet »die Nagelprobe machen«?

a eine erste Bewährungsprobe ablegen

b auf jemandes Wohl ein Glas leeren

c eine bauliche Prüfung durchführen, bei der festgestellt wird, ob etwas niet- und nagelfest ist

d neu entwickelte technische Geräte oder Materialien einem Härtetest unterziehen

177 Im Jahre 1348 rief König Edward III. von England den sogenannten Hosenbandorden (Order of the Garter) ins Leben, einen Ehrenbund für verdiente Ritter, deren Mitgliedschaft durch das Tragen eines blauen Hosenbandes kenntlich gemacht wurde. Das Motto des Ordens ziert noch heute das Wappen des Vereinigten Königreiches. Es lautet »Honi soît, qui mal y pense« – das heißt sinngemäß übersetzt:

a Ehre, wem Ehre gebührt.

b Ein Schuft, wer Böses dabei denkt.

c Des einen Leid, des andern Freud.

d Herein, wenn's kein Schneider ist!

e Gelobt sei, was hart macht.

f Glücklich, wer noch hoffen kann!

Nur eine der folgenden Redewendungen gibt es tatsäch-lich. Welche?

a Wirf da mal ein Auge drüber!

b dem Schicksal ein Schnäppchen schlagen

c Raue Schale, harter Kern.

d Punkt, Schluss und Streusand drüber!

e Schwamm beiseite!

f Lass mal viere gerade sein!

g Das ist ein schmaler Spagat.

h Ich hab noch eine Hand im Feuer!

Wo Hinz und Kunz hingehen, da trifft man auch ...

179

a Greti und Pleti

b Kreti und Pleti

c Krethi und Plethi

d Chreti und Plethi

180 Welches der folgenden geflügelten Worte stammt nicht aus der Feder Johann Wolfgang von Goethes?

a Es irrt der Mensch,
   solang er strebt.

b Das also war
   des Pudels Kern!

c Da steh' ich nun, ich armer Tor!
   Und bin so klug als wie zuvor.

d Hier bin ich Mensch,
   hier darf ich's sein!

e Die Axt im Haus
   erspart den Zimmermann.

f Zwei Seelen wohnen,
   ach! in meiner Brust!

g Die Botschaft hör ich wohl,
   allein mir fehlt der Glaube.

h Nach Golde drängt,
   am Golde hängt doch alles.

Bis hierhin
und weiter

Im letzten Kapitel gilt es, ein paar besondere Nüsse zu knacken: besonders harte wie auch besonders aromatische. Zu kniffligen Aufgaben aus den bisherigen Themenkreisen gesellen sich Fragen aus anderen Wissensgebieten wie Wortherkunft und Volksdichtung. Machen Sie sich auf einen großen Rundumschlag mit extra viel Pfeffer gefasst! Da geht's um verbrannte Gerichte und bekannte Gedichte, um die Vorgeschichte des Schmetterlings und das Hinterteil des Rehs, um Bindewörter und Worterfinder, um Cäsar und Brutus, um dieses und jenes und einiges mehr. Wer sich bis hierhin noch nicht in die Kur verabschiedet hat, der ist bereit für die Kür!

10.

181 **Paul ist mit Susanne verheiratet. Susannes Schwester Antje ist mit Max verheiratet. Was ist Max für Paul – und umgekehrt?**

a Max und Paul sind Schwipsschwager.

b Max und Paul sind Schwipsschwäger.

c Max und Paul sind Schwippschwager.

d Max und Paul sind Schwippschwäger.

182 **Diese Frage hat sich insofern erledigt, ... das fehlende Wort bereits gefunden wurde.**

a weil

b dass

c als

d als dass

e indem

f zumal

Wofür steht das »Kar« in Karfreitag?

<u>ÖFFNUNGSZEITEN OSTERN</u>

K–FREITAG	8,00 Uhr – 17,00 Uhr
SAMSTAG	7,00 Uhr –18,00 Uhr
OSTERSONNTAG	8,00 Uhr – 14,00 Uhr
OSTERMONTAG	8,00 Uhr – 14,00 Uhr

a Kreuz, Kreuzigung

b Klage, Trauer

c Caritas, Nächstenliebe

d Kardinal, Haupt-

e schwarz

f Verkündigung

184 Wie heißt die berühmte leckere Hackfleischsoße, mit der das Spaghettiessen zu einem spritzigen Vergnügen wird?

a Bolognese   **d** Boulonese

b Boulognese   **e** Bolognaise

c Bolonese   **f** Boulognaise

185 In welcher der folgenden Reimgruppen haben alle Wörter ausschließlich ein (!) und dasselbe Geschlecht?

a Brand, Strand, Pfand

b Pfund, Rund, Lund

c Rand, Band, Stand

d Grund, Schrund, Sund

e Wand, Hand, Tand

f Hund, Mund, Bund

Grüner
Bohneneintopf 3,90

Senßeier
mit Kartoffeln 3,50

PellKartoffeln
mit Quark 3,50

und vieles mehr

Ein Eintopf mit grünen Bohnen ist ...

a ein grüner Bohneneintopf

b ein Grüner-Bohnen-Eintopf

c ein Grüne-Bohnen-Eintopf

d ein grüne Bohnen-Eintopf

Brutus verstand es offenbar, Cäsar etwas vorzumachen, denn ...

a jener hegte keinen Argwohn gegen diesen.

b dieser hegte Mordgelüste gegen jenen.

c dieser hegte keinen Argwohn gegen jenen.

d jener hegte keinen Argwohn gegen den anderen.

Cäsar hegte bis zuletzt keinen Argwohn gegen Brutus, den Sohn seiner Geliebten Servilia. Warum nicht?

a Brutus war Cäsar anscheinend wohlgesonnen.

b Brutus war Cäsar scheinbar wohlgesinnt.

c Brutus war Cäsar anscheinend wohlgesinnt.

d Brutus war Cäsar scheinbar wohlgesonnen.

189

Wofür steht in E-Mail-Köpfen die Abkürzung »CC«?

a check & copy

b consecutive consumers

c client copy

d carbon copy

190

Die Abkürzung SMS gab es schon vor hundert Jahren. Allerdings kannte man damals noch keinen *Short Message Service*. Wofür stand SMS früher?

a Sumatra-Malaysia-Singapur-Handelsgesellschaft

b Seiner Majestät Schiff

c Siemens-Martin-Stahl

d Sowjetische Marine-Sektion

Gewiss kennen Sie das Gedicht »Das Männlein im Walde« von Hoffmann von Fallersleben:

»Ein Männlein steht im Walde ganz still und stumm,
Es hat von lauter Purpur ein Mäntlein um.
Sagt, wer mag das Männlein sein,
Das da steht im Wald allein
Mit dem purpurroten Mäntelein.«

Ja, sagen Sie es nur, wer ist dieses Männlein?

a Fliegenpilz

b Dompfaff

c Hagebutte

d Rottanne

Was hat der Schriftsteller und Kirchenlieddichter Philipp von Zesen (1619–1689) mit den Wörtern »Leidenschaft«, »Emporkömmling« und »Weltall« zu tun?

a Er wollte sie verbieten lassen.

b Er hat sie erfunden.

c Er hat sie ins Polnische eingeführt.

d Er hat sie aus Luthers Bibelübersetzung entfernt.

Dass Nachbar Meyers Hund ausgerechnet mein Blumen-
beet zu seiner Lieblingstoilette auserkoren hat, ist das
eine Problem. Ein zweites ist die Frage nach der Grundform: Auf welches Verb geht das Partizip »auserkoren«
(oder kürzer: »erkoren«) zurück?

a erküren

b erkuren

c erkiesen

d erkören

**Woher hat der
Schmetterling
seinen Namen?**

a vom Verb »schmettern«

b vom Verb »schmeißen«

c vom tschechischen Wort »smetana«,
das Milchrahm bedeutet

d vom niederländischen Wort »smetten«,
das »Flecken« bedeutet

195

Wer sind eigentlich Zeter und Mordio, und warum werden sie sprichwörtlich gerufen?

a Es sind die Namen zweier Leibwächter Karls des Großen, die im Moment größter Gefahr stets zur Stelle waren.

b Es sind zwei alte Wörter für »Hilfe!«

c Es handelt sich um zwei römische Volkstribune namens Ceterus und Mordilius, die einander öffentlich in Grund und Boden zu schreien pflegten.

d Es sind zwei alte Wörter für »Feuer« und »Gefahr«.

**Sprechen Sie Jägerlatein? Wie wird in der Waid-
mannssprache der helle Fleck am Hinterteil von
Rehen und Hirschen genannt?**

a Spiegel **c** Lampe

b Blume **d** Wedel

197 Alpha, Bravo, Charlie, Delta, Echo, Foxtrott – so beginnt das Nato-Alphabet, das im internationalen Sprechfunk und beim Telefonieren als Buchstabierhilfe dient. Daneben haben viele Länder ihr eigenes Telefonalphabet, so auch Deutschland. Von den folgenden Reihungen deckt sich nur eine mit dem derzeit gültigen deutschen Telefonalphabet. Welche ist es?

a Anton, Berta, Cäsar, Dieter

b Edgar, Friedrich, Gustav, Heidi

c Iris, Julius, Konrad, Ludwig

d Martin, Norbert, Ole, Paula

e Quelle, Richard, Samuel, Theodor

f Udo, Viktor, Wilhelm, Xaver

198 Was sehen Sprachexperten in Badeferien und Feierabend?

a ein Anagramm

b eine Onomatopöie

c ein Akronym

d ein Hexameter

Brackstwurt
Mit Pommes

2,00

Da brackt mir einer einen Storch: Die Buchstaben-
kombination »ckst« gibt es selbstverständlich,
wenngleich selten mit »Wurt«. Welche der folgenden
Buchstabenkombinationen findet man tatsächlich in
keinem deutschen Wort?

a tschstr   **f** rzspr

b ngpfl   **g** tzschn

c rztkr   **h** nftzt

d tztz   **i** nfstr

e tzstr   **j** mpfschl

200 **Und damit sind wir am Ende angelangt. »Ade« sagt man da in Baden-Württemberg. In Hamburg sagt man »Tschüs«. Und in Bayern ruft man einander zum Abschied ein Wort zu, das wie »Pfüati« klingt. Es ist die Kurzform für:**

a Fertig!

b Führ dich hinfort (= Scher dich weg)!

c Führe dich Gott!

d Behüte dich Gott!

e Für dich: Gott!

1. Recht geschrieben mit links

Ich begrüße Sie zum großen Test! Dafür bedarf es gar nicht vieler Worte, es genügen diese zwei:

a **Herzlich willkommen!**

Bei »willkommen« handelt es sich um ein Adjektiv, und da dieses weder am Satzanfang steht noch substantivisch gebraucht wird, gibt es keinen Grund für Großschreibung. Etwas anderes wäre es, wenn Sie hier mit »einem herzlichen Willkommen« begrüßt worden wären.

Mein Neffe steht auf Christina Aguilera! Er findet, sie hat eine ...

b **Wahnsinnsstimme**

Zusammensetzungen aus zwei Hauptwörtern werden normalerweise in einem Wort geschrieben, auch wenn das erste der Verstärkung des zweiten dient: Riesenhunger, Spitzenumsatz, Bombenstimmung, Wahnsinnsstimme.

Schildkröten können lange unter Wasser bleiben. Doch in regelmäßigen Abständen müssen sie an die Oberfläche, und zwar ...

b **zum Luftholen und Sonnetanken**

Das Luftholen und das Sonnetanken sind Hauptwörter, die jeweils aus einem Hauptwort und einem substantivierten Verb zusammengesetzt sind. Sie werden groß- und zusammengeschrieben, genau wie das Biertrinken, das Kaugummikauen und das Wasserlassen.

4

Das Gewebe aus Muskeln und Sehnen, welches Brust- und Bauchhöhle voneinander trennt, wird von Medizinern *Diaphragma* genannt. Wie heißt es auf Deutsch?

c **Zwerchfell**

Das Wort »Zwerchfell« ist eine Zusammensetzung aus dem alten Wort für »quer« (»zwerch«) und dem Wort »Fell« in seiner alten Bedeutung »Haut«. Das Zwerchfell heißt also wörtlich »Querhaut«. Die Verwandtschaft zwischen »Zw« und »Qu« ist auch noch bei dem Wortpaar Zwetschge/ Quetsche erkennbar.

5

Häkchen sind beliebt, so scheint's. Richtig aber ist hier nur eins! Welches?

g **Theater am Ku'damm**

Der Apostroph steht *nicht* beim adverbialen Endungs-s: mittwochs, morgens, links, rückwärts etc.
Der Apostroph steht *nicht* beim Plural-s: Autos, Zebras, Pizzas, Kiwis, CDs und DVDs.
Der Apostroph steht *nicht* bei Präposition mit verschmolze- nem Artikel: ans, aufs, durchs, fürs, ins, vors.
Der Apostroph steht *nicht* beim Imperativ:
Hör mir zu! Lass das sein! Geh nicht fort!
Der Apostroph steht *nicht* bei gängigen Kurzformen bestimmter Adjektive oder Adverbien: bang, heut, mild, trüb.

Der Apostroph steht aber bei Wegfall von Buchstaben innerhalb eines Wortes: D'dorf (für Düsseldorf),
A'dam (für Amsterdam), Ku'damm (für Kurfürstendamm),
M'gladbach (für Mönchengladbach).

Ferner kann der Apostroph bei verkürztem »es« stehen, muss aber nicht:
Jetzt geht's los; nimm's leicht; sich's gemütlich machen;
kaum hat man's im Mund, schon ist's auf den Hüften.

Manchen Menschen fehlt die Courage. Sie haben kein ...

6

b Rückgrat

Das »Rückgrat« hat nichts mit Räten, Rädern oder Graden zu tun. Es handelt sich um eine Zusammensetzung aus *Rück(en)* und *Grat*. Dass das Rückgrat sächlich ist, der Gebirgsgrat hingegen männlich, ist ein anderes Problem. Es ändert aber nichts am engen Verwandtschafts*grad* der beiden Wörter. Ebenfalls verwandt mit dem Grat ist das Wort *Gräte.*

»Wo steckst du?«, fragte der Luchs. »Ich bin hier«, erwiderte der Fuchs, »hinter dem ...«

7

c Buchsbaum

Das lateinische Wort »buxus« wurde im Deutschen zum Buchsbaum.

Fragt der eine: »Wie geht's? Wie steht's?« – Sagt der andere: »Alles wie immer! Alles okay! Alles läuft bestens ...«

8

a wie eh und je!

Das gilt seit ehedem und jederzeit!

Schlimmer geht's nimmer? Besser geht's immer! Ein anderes Wort für »immer« und »immerzu« lautet:

9

c stets

Es handelt sich hierbei um ein Adverb, das mit dem Adjektiv »stetig« verwandt ist.

10 Die Ansprüche an den Wohnungsbau sind konstant gestiegen. Heute gelten als selbstverständlich:

c **ein familiengerechter Grundriss und behindertenfreundliche Zuwege**

Bei »familiengerecht« und »behindertenfreundlich« handelt es sich um Adjektive, die – wenn sie nicht am Satzanfang stehen – kleingeschrieben und – da es sich um Zusammensetzungen handelt – auch jeweils in einem Wort geschrieben werden.

11 Möglicherweise ist der gute Schultze etwas einfältig. Der Chef hält ihn gar für einen ...

b **einfallslosen Einfaltspinsel**

Das eine Wort hat erkennbar mit mangelnden Einfällen zu tun, das andere mit geistiger Armut. Der Einfaltspinsel ist eine Zusammensetzung aus »Einfalt« (= Dummheit) und »Pinsel«, einer seit dem 18. Jahrhundert geläufigen Bezeichnung für einen einfältigen Menschen. Der »Einfaltspinsel« ist daher eigentlich eine Tautologie, die sich dadurch erklären lässt, dass die spezielle Bedeutung des Wortes »Pinsel« in Vergessenheit geriet.

12 »Jetzt ist Schluss!«, tobte der Trainer und drohte: »Entweder ihr reißt euch zusammen, oder ihr ...«

c **seid endgültig raus!**

Die Verbform »seid« gehört wie »sind« zu »sein«; die Präsensformen von »sein« im Plural enden alle auf »d«.

Das Adjektiv »endgültig« hat nichts mit der Vorsilbe »ent-« zu tun, sondern mit dem »Ende«: »endgültig« ist, was bis zum Ende Gültigkeit hat, was unwiderruflich und unumstößlich ist.

Wenn Sie sich im Theater zu Tode gelangweilt haben,
dann war das Stück offenbar ...

13

b) todlangweilig

Auch wenn sich mancher darüber totärgern könnte: Die
richtige Antwort ist »todlangweilig«! Das ist todsicher!
Mit dem Adjektiv »tot« werden Verben gebildet: totlachen,
totärgern, totschweigen. Denn man lacht oder ärgert sich
so lange, bis man tot ist, oder verschweigt etwas so lange,
bis es für tot gehalten wird.

Mit dem Hauptwort »Tod« hingegen werden Adjektive
gebildet: todtraurig, todernst, todkrank, todunglücklich.
Denn man ist zu Tode traurig, meint es ernst wie den Tod,
ist im Kranksein oder Unglücklichsein dem Tode nah.

Erst hat ihn das Glück verlassen, dann war's das Geld, das
ihn verließ, und schließlich brachten ihn die Schulden ins ...

14

c) Verlies

Das Verlies ist eine niederdeutsche Bildung zu »verlieren«.
Heute ist das Wort aus der Mode geraten und taucht
höchstens noch in Abenteuerromanen und in Playmobil-
Prospekten auf.

Das hat der Apotheker nun davon: Jetzt ist das Meersalz tot,
dabei soll es doch belebend wirken! Wie hätte er es richtig
schreiben müssen?

15

a) Totes-Meer-Salz

Der Name »Totes Meer« und das Hauptwort »Salz« ergeben
ein zusammengesetztes Hauptwort, und Hauptwörter werden
im Deutschen grundsätzlich groß- und zusammengeschrieben,
bei Zusammensetzungen mit Wortgruppen werden sie mittels
Bindestrichen »gekoppelt«, und zwar durchgängig. Das gilt

für Totes-Meer-Salz ebenso wie für die Willy-Brandt-Straße oder das Rhein-Main-Gebiet.

 16

Narziss betrachtete sein Antlitz voller Entzücken, das der See in gar herrlicher Weise ...

a widerspiegelte

Das Verb »widerspiegeln« ist eines der widrigen Wörter unserer Sprache, die mit der Vorsilbe *wider-* gebildet werden, welche für »gegen« und »zurück« steht. Eine Widerspiegelung ist also ein zurückgeworfenes Bild.

»Wieder« hingegen bedeutet »abermals«, »erneut«: Würde sich das Antlitz »wiederspiegeln«, so spiegelte es sich ein weiteres Mal.

 17

Kikeriki und kikeriko: Warum ist der Hahn so froh?

b Der Hahn hat lauter gackernde Hühner um sich geschart.

Das Verb »scharen« kommt von der »Schar«. Das Verwirrende ist, dass Hühner sich gleichzeitig um den Hahn *scharen* und im Boden *scharren* können. Aber darum müssen Sie sich zum Glück hier nicht scheren!

 18

Wer für Geld arbeitet, der arbeitet gegen ...

a Entgelt

Auch wenn's das Geld erst am Ende gibt, so ist der Lohn kein »Endgeld«, sondern ein Entgelt. Das kommt vom Verb »entgelten« und wird deshalb auch am Ende mit »t« geschrieben.

»Ich warne dich, Luigi, mein Freund«, fauchte Don Alfredo und fuchtelte dabei mit seiner Waffe, »mach bloß keine ...«

b **Sperenzchen** oder **e** **Sperenzien**

Der Ausdruck »Sperenzchen (oder: Sperenzien) machen« bedeutet heute »sich wehren, sich sperren gegen, quer-stellen« und geht zurück auf das lateinische »sperare«, das »hoffen« und »erwarten« bedeutet. Ursprünglich bedeutete »Sperenzchen machen« also »sich Hoffnungen machen«. »Sperenzchen« ist das Diminutiv (Verkleinerungsform) zu »Sperenzien«; beide Formen sind gleichermaßen gültig.

Wenn zwei einander gleichen wie ein Ei dem anderen, so gibt es dennoch Unterschiede. Und man stellt fest:

e **Desgleichen gilt auch für dasselbe und das Gleiche.**

Dass für die Schreibweise von *das Gleiche* und *dasselbe* trotz ihrer Ähnlichkeit unterschiedliche Regeln gelten, scheint auf den ersten Blick unlogisch. Doch während *das Gleiche* sich aus zwei Wörtern zusammensetzt, die auch unabhängig voneinander existieren können (das + gleich), gibt es das Demonstrativpronomen *dasselbe* nur in zusammengesetzter Form, da das Wort »selb« allein nicht existiert.

2. Der, die, das – und plötzlich Plural!

Grillwürstchen legt man ...

21

a **auf _den_ Rost, denn es heißt »der Grillrost«**

»Rost« ist männlich – sowohl in der Bedeutung »oxidiertes Eisen« als auch in der Bedeutung »Gitter«. Ob Weißrost, Flugrost, Grillrost oder Lattenrost: Immer heißt es »der«. »Das Rost« gibt es nicht.

Einsilbige Hauptwörter auf -ost sind entweder weiblich (die Kost, die Post) oder männlich (der Frost, der Most). Beim Ritterturnier »Tjost« geht beides: der Tjost und die Tjost – aber nicht _das_ Tjost.

Die Entdeckung des Dynamits war Alfred Nobels ...

22

b **wesentliches Verdienst**

Das Wort »Verdienst« gibt es in zwei Bedeutungen: Als Synonym für »Lohn« und »Gehalt« ist es männlich: der Verdienst. Steht es für »Anspruch auf Anerkennung«, dann ist es sächlich: das Verdienst.

Der ehemalige US-Präsident George W. Bush plante den Bau eines satellitengestützten Antiraketenschilds. Damit stürzte er die deutschsprachige Presse in große Verunsicherung: Wie heißt es in Singular und Plural richtig?

23

c **der Antiraketenschild, die Antiraketenschilde**

In der Bedeutung »Schutzschild« ist »Schild« ein männliches Wort, die Mehrzahl lautet »die Schilde«. So auch der Polizei-schild, die Polizeischilde; der Wikingerschild, die Wikinger-schilde. Siehe auch »Asterix und der Avernerschild«. Als Straßen-, Verkehrs- oder Klingelschild ist »Schild« sächlich, die Mehrzahl lautet »die Schilder«.

Heute wollen wir uns amüsieren! Auf jeden Fall werden wir …

 keine Trübsal blasen!

»Trübsal« ist weiblich: Wer schon mal Trübsal geblasen hat,
der weiß, wie traurig eine Trübsal klingen kann.

24

Wörter, die auf -nis enden, sind …

 teils weiblich, teils sächlich

Zur Gruppe der sächlichen Wörter auf -nis gehören zum
Beispiel: das Ärgernis, das Bedürfnis, das Bekenntnis, das
Ereignis, das Erlebnis, das Gedächtnis, das Geheimnis, das
Hindernis, das Verständnis und das Zeugnis.

Zur Gruppe der weiblichen Wörter auf -nis gehören: die
Bedrängnis, die Befugnis, die Besorgnis, die Bewandtnis, die
Erkenntnis, die Erlaubnis, die Finsternis, die Kümmernis, die
Tyrannis und die Wildnis.

Einige wenige Wörter auf -nis können sowohl weiblich als
auch sächlich sein, so wie die Säumnis, die auch das Säumnis
heißen kann, und wie die Beschwernis, die auch als das
Beschwernis geführt wird.

25

Als es Zeit wurde, ins Bett zu gehen, spielte der Professor für
den elternlosen Knaben ein Gutenachtlied. Anders gesagt:

 Der Weise spielte der Waise eine Weise.

Ein elternloses Kind ist eine Waise, und die Waise ist immer
weiblich, auch wenn es sich um einen Knaben handelt, und
bleibt daher im Dativ unverändert. Also spielte der Weise
(der Gelehrte) der Waise (dem Waisenkind) eine Weise (eine
Melodie) – und das auf eine leise Weise.

26

27

Seit zwei Tagen leidet die Patientin an Übelkeit und Durchfall. Der Arzt stellt fest: »Sie haben sich was eingefangen, und zwar ...«

 ein Magen-Darm-Virus

Fachsprachlich ist »Virus« auf jeden Fall sächlich, da es zu den wenigen auf »-us« endenden Wörtern zählt, die im Lateinischen sächlich sind. Umgangssprachlich wird »Virus« oft männlich gebraucht. Das gilt sowohl für Grippeviren als auch für Computerviren.

28

Welches Geschlecht hat »Paprika«, wenn das Gewürz gemeint ist?

 der Paprika

Als Gewürz ist Paprika männlich: »Geben Sie jetzt den Pfeffer und den Paprika hinzu.« Als Gemüse ebenfalls: »Der rote, grüne Paprika, wie schmeckt er doch so gut – und weil er Vitamine hat, geht er sogleich ins Blut!« Wenn von einer einzelnen Schote die Rede ist, kann wahlweise der männliche oder der weibliche Artikel stehen: »Zerschneiden Sie die/den Paprika in dünne Streifen.«

In der Schweiz heißt Paprika übrigens Peperoni, während »unsere« Peperoni dort Peperoncini heißen.

29

Was für ein Tier war Orakel Paul?

 ein Krake (der Krake, männlich)

Das Wort »Krake« ist standardsprachlich männlich. Es stammt aus dem Norwegischen. Dort heißt das Tier »kraken« – der bestimmte männliche Artikel zeigt sich in der Endung. Wäre es weiblich, hieße es »kraka«. Mit dem Wort »kraken« bezeichnet man im Norwegischen außerdem einen verkrüppelten Baum oder eine Person, die sich seltsam bewegt.

Die Mehrzahl des Wortes »Oktopus« lautet ...

30

d **Oktopoden**

Das Wort »Oktopus« kommt aus dem Griechischen. ὀκτώ
(oktō) heißt »acht« und πούς (poús) = Fuß, also Achtfüßler.
Die Mehrzahlform »Oktopoden« ist der Wissenschaftssprache
entnommen, die Endung »-poden« findet man auch noch bei
Antipoden.

»Du Aas!«, schrie Leon seinen Bruder an. »Selber Aas!«, rief
der zurück. Der Vater schüttelte den Kopf: »Ihr seid mir
vielleicht zwei ...«

31

c **Äser**

Wenn von Tierkadavern die Rede ist, lautet der Plural »Aase«;
als Schimpfwort allerdings hat sich die Form »Äser« durch-
gesetzt.

Die Umlautung im Plural ist standardsprachlich bei ...

32

c **ein Magen, zwei Mägen**

Der Magen kann im Plural umgelautet werden oder auch
nicht: »zwei Mägen« sind genauso richtig wie »zwei Magen«.
Bogen, Wagen und Kragen werden standardsprachlich im
Plural *nicht* umgelautet: zwei Bogen, viele Wagen, mehrere
Kragen.

Wer in der Einzahl den Abend wie den Morgen liebt, der
liebt in der Mehrzahl ...

33

a **die Morgen wie die Abende**

Die Mehrzahl von *Morgen* lautet unverändert *Morgen*.
Das gilt an allen Morgen und an allen Abenden.

Früher – und vielleicht auch noch heute – existierten im Verborgenen zahlreiche ...

 Geheimbünde

Der Bund (in der Bedeutung *Bündnis: »etwas, das bindet«*) wird im Plural zu »die Bünde«: die Staatenbünde, die Männerbünde, die Studentenbünde. Das Bund (in der Bedeutung *Bündel: »etwas, das gebunden ist«*) hingegen wird im Plural zu »die Bunde«: die Karottenbunde, die Radieschenbunde, die Schlüsselbunde.

 Wer alle Daten auswendig kennt, der kennt jedes einzelne ...

 Datum

Obwohl uns die Wörter *Datum* und *Daten* gleichermaßen vertraut sind, wissen die wenigsten um ihre semantische Verwandtschaft: Das Datum ist die Einzahl von Daten, sowohl beim historischen Datum als auch bei jedem einzelnen Computerdatum.

 Welches Mehrzahlwort auf -block oder -blöcke ist falsch?

 Motorblocks

Ein Motorblock ist ein massiver Klotz, die Mehrzahlform lautet daher Motorblöcke. In Österreich und in der Schweiz wären selbst Notizblocks falsch, da man dort nur *Blöcke* kennt, ob nun aus Marmor oder aus Papier. Wer übrigens ganze Straßenzüge aus Legosteinen baut, der kann von sich behaupten, Legoblocks aus Legoblöcken zu errichten.

Welches »Land« wird im Plural nicht zu »Länder«, sondern zu »Lande«?

c Eiland

Das Eiland wird im Plural zu »die Eilande«. Aus einem Inselland hingegen werden Inselländer.

Wenn »Land« die Bedeutung »Staat« hat, lautet der Plural meistens »Länder«. Nur wenige noch gebräuchliche ältere Formen haben den Plural »Lande«: die deutschen Lande, die Marschlande, die Niederlande, die Eilande.

Wenn »Land« die Bedeutung »Boden« hat, wird es als unzählbares Hauptwort angesehen und hat folglich keine Mehrzahl, so wie beim Ackerland, Brachland, Deichvorland, Farmland, Grasland, Heideland, Ödland und beim Schwemmland.

In den 90er-Jahren kam der Begriff »Generation Praktikum« auf: Die Wirtschaft sparte zunehmend an sicheren Arbeitsplätzen und festen Löhnen; junge Menschen leisteten daher immer mehr ...

a Praktika

Die Mehrzahl des griechisch-lateinischen Lehnwortes »Praktikum« lautet »Praktika«. Die Pluralform »Praktikas« wäre somit pleonastisch (doppelt gemoppelt). »Praktiken« ist die Mehrzahl des Einzahlwortes »die Praktik«.

Der Begriff »Generation Praktikum« landete übrigens bei der Wahl zum Wort des Jahres 2006 hinter »Fanmeile« auf dem zweiten Platz.

39 Renate schlug die gegrillten Langusten und
das Risotto mit Garnelen
aus und entschied sich
für eine große Portion ...

d **Scampi**

»Scampi« ist die Mehr-
zahl von »Scampo«, der
italienischen Bezeich-
nung für einen Zehnfuß-
krebs, der die deutschen
Namen Kaisergranat,
Kaiserhummer, Nor-
wegischer Hummer und
Schlankhummer hat.
Eigentlich hätte die
Einzahl »Scampo« im Deutschen zu »Scampos« werden
können, doch das italienische Plural-»i« erfreut sich bei uns
großer Beliebtheit, wie unter anderem »Cappuccini« und
»Espressi« beweisen. Die Formen »Scampis« oder gar
»Scampi's« (Foto) hingegen sind weder mit dem Italienischen
noch mit dem Deutschen zu vereinbaren.

 40 Wenn das spanische Gesangsduo Baccara auftritt, dann
stehen auf der Bühne ...

  c **zwei Ladys**

Im Englischen wird »Lady« im Plural zu »Ladies«, im Deutschen aber nicht. Die Auflösung des Ypsilons zu »ie« ist eine
rein englische Angelegenheit, mit der wir Deutschen nichts
zu tun haben. Daher erfinden wir auch Storys und keine
Stories und pflegen unsere Hobbys und keine *Hobbies*.

3. Can you English?

Das englische Wort für »Verlierer« und »Versager« wird [lu:zer] gesprochen. Wie wird es im Deutschen korrekt geschrieben?

41

b **Loser**

Der Verlierer oder Versager ist ein Loser. Aber auch ein Loser kann eines Tages mal das große Los ziehen!

Was für die einen der Trainer, das ist für andere der ...

42

a **Coach**

Der Coach ist ein Trainer und persönlicher Berater, nicht nur in sportlicher, sondern auch in psychologischer Hinsicht. Davon abgeleitet werden die Wörter »Coaching« (das Training) und »coachen« (trainieren).

Für das englische Wort »Laptop« empfiehlt die »Aktion lebendiges Deutsch« den Deutschsprechenden eine Alternative. Wie lautet sie?

43

d **Klapprechner**

Die wörtliche Übersetzung des Wortes »Laptop« lautet »Schoßaufsatz«, was in den meisten Ohren jedoch recht albern klingt. Die »Aktion lebendiges Deutsch« empfiehlt daher ein deutsches Wort, das der Funktion des Gerätes viel eher gerecht wird: Klapprechner.

44 Teigringe, Spritzringe, Krapfen, Schmalzkringel – all das sind deutsche Wörter für eine amerikanische Klebrigkeit namens ...

e Doughnuts

Das englische Wort »dough« bedeutet Teig, und »nut« steht nicht nur für »Nuss«, sondern auch für runde Lochscheiben wie Schraubenmutter und Kringel. Neben der traditionellen Schreibweise »doughnut« hat sich im englischsprachigen Raum eine moderne, verschlankte Version etabliert: »donut«. Daher werden Doughnuts auch hierzulande oft als »Donuts« angeboten.

45 Wenn ein US-Konzern seinen Marktwert mit »4.3 billion« Dollar angibt, wie viele Dollar sind es dann auf Deutsch?

c 4,3 Milliarden Dollar

Die Amerikaner kennen das Wort »Milliarden« nicht, bei ihnen kommt als nächste Tausenderstufe nach der Million gleich die Billion.

46 Die Aufsicht über das Kabinenpersonal, sozusagen der Leiter der Flugbegleiter, nennt sich ...

c Purser

Das Wort Purser kommt aus der Seefahrt. Es war der Ausdruck für den Zahl- oder Proviantmeister (abgeleitet von *purse*, dem englischen Wort für Geldbeutel, Börse). Als weibliche Form hat sich neben der Purserin auch die etwas drollig anmutende Form Purserette etabliert.

Für den Empfang von Fernsehprogrammen über Satellit braucht man einen ...

47

d **Receiver**

Wem das zu kompliziert ist, der kann auch einfach »Empfangsgerät« oder »Empfänger« sagen.

Die allseits beliebte Ofenkartoffel in der appetitlichen Aluminiumfolie wird auch gerne auf Englisch angeboten. Wie heißt sie dann?

48

c **Baked potato**

Die Ofen- oder Backkartoffel ist im Englischen eine »baked potato«. Im Plural wird die »potato« zu »potatoes«. Die Zusammensetzung aus deutschem »Back-« und englischem »potato« ist missverständlich, da »back« auch im Englischen existiert.

Ausländische Touristen könnten das Wort »Backpotato« als »Hinterkartoffel« oder »Rückenkartoffel« deuten und wären verständlicherweise irritiert. Von der Schreibweise auf dem hier gezeigten Schild wären sie es wohl erst recht.

Lust auf Körperschmuck? Hier hätten wir eine Möglichkeit, die äußere Erscheinung mit Nadeln und Farben dauerhaft zu ver(un)schönern:

49

d **Tattoos & Piercings**

Das Wort »Tattoo« stammt aus der Sprache der Ureinwohner Tahitis, es wurde im Englischen zunächst »tattow« geschrieben (wovon das deutsche Wort »Tätowierung« gebildet wurde), später dann »tattoo«. Das Durchbohren der Haut heißt auf Englisch »piercing«, vom Verb »to pierce«, das durchbohren, durchdringen, durchstechen und durchstoßen bedeutet.

50 Ein echter Kassenschlager ist auf gut Denglisch ein ...

a **Blockbuster**

Im Englischen bezeichnet »blockbuster« im engeren Sinn eine Minenbombe; im übertragenen Sinn steht es für »Kracher«, »Knaller«, »Knüller«. In dieser Bedeutung wird es seit einigen Jahrzehnten auch im Deutschen gebraucht.

51 Wie heißen die frittierten Formfleischklumpen aus Hühnerfleisch?

d **Chicken-Nuggets**

Und Hähnchenflügel sind natürlich keine *ChickenWrings*, sondern *Chicken-Wings*.

52 Wie ist der Titel »The Lion King« am treffendsten zu übersetzen?

b **Der Löwenkönig** oder **c** **Der König der Tiere**

Der Originaltitel heißt nicht etwa »The King of the Lions« oder »The Lions' King«; das hieße nämlich, dass Simba nur über die Löwen herrschte. Er ist aber Herrscher über das gesamte Tierreich, also ein König der Tiere in Löwengestalt. Die Übersetzung »Der Löwenkönig« oder »Der König der Tiere« würde dem Original daher eher gerecht.

Stöckelschuhe heißen heute Pumps, und Turnschuhe nennt man ...

53

b Sneakers

Das Verb »to sneak« bedeutet schleichen, herumschnüffeln, stibitzen. Das Adjektiv »sneaking« steht für heimlich, verstohlen und hinterlistig. »Sneakers« sind also im wörtlichen Sinne keine Sport-, sondern Schleichschuhe.

Wenn Marketingleiter, Werbefachleute und Börsenmakler der Hunger packt, dann brauchen sie einen ...

54

c Businesslunch

Die Schreibweise des ersten Bestandteils wird zwar gern scherzhaft zu »biz« oder »bizness« verkürzt, doch der Standard schreibt noch immer »Business« vor. Wenn sich das Geschäftliche mit dem Mittagessen verbindet, das heißt, wenn »Business« auf »Lunch« trifft, dann werden nach deutschen Regeln beide Bestandteile zusammengeschrieben.

Als Gabi beim Aufräumen der Petticoat ihrer Mutter in die Hände fiel, fasste sie den Entschluss, die alten Zeiten wieder aufleben zu lassen, und zwar mit einer fröhlichen und ausgelassenen ...

55

p Rock-'n'-Roll-Party

Der »Rock 'n' Roll« trägt zwei Apostrophe, denn das ist die Kurzform für Rock and Roll. Setzt man diese Dreiergruppe mit einem weiteren Wort (hier: Party) zu einem neuen Hauptwort zusammen, so wird die ganze Einheit vom Rock über 'n' und Roll bis zur Party durchgekoppelt.

56

Der Computer meldet, das neue Programm könne installiert werden, denn es wurde erfolgreich ...

a **downgeloadet**

Das Verb »downloaden« wird regelmäßig konjugiert: ich downloade, du downloadest, er downloadet. Präteritum: ich downloadete, Perfekt: ich habe downgeloadet. Es gilt allerdings als umgangssprachlich.

Vorzuziehen ist die deutsche Lösung, derzufolge eine Datei »heruntergeladen« wird.

57

Wer sich in eine günstige Ausgangslage gebracht hat oder in einem bestimmten Segment die Marktführerschaft übernommen hat, der befindet sich in der ...

c **Poleposition**

Mit der »Poleposition« bezeichnet man im Motorsport den besten Startplatz für den Fahrer mit der schnellsten Vorrundenzeit. Ursprünglich stammt der Begriff aus dem englischen Pferderennsport: Der Startplatz direkt neben der aus Holzpfählen (»pole« = Pfahl, Pfosten) bestehenden Innenwand war der günstigste, da die Innenbahn die kürzeste ist. Das Wort »Poleposition« hat also eine ziemlich rasante Entwicklung hinter sich. Im Spanienurlaub oder im Wellness-Center geht es natürlich eher um eine möglichst komfortable »Poolposition«.

58

»Handy« bedeutet für Briten und Amerikaner ...

b **praktisch**

Das Wort »handy« bedeutet »greifbar«, »praktisch« oder »handwerklich geschickt« und hat nichts mit Telekommunikation zu tun. Zum Mobiltelefon sagt man im englischen Sprachraum »mobile phone« (kurz »mobile«), im Amerikanischen auch »cell(ular) phone«. »Handy« in der Bedeutung

»Mobiltelefon« ist eine Wortschöpfung der deutschen Elektronikindustrie.

Ein Flug, der gestrichen worden ist, wurde ...

59

d gecancelt

Das eingedeutschte Verb »canceln« wird nach deutschen Regeln ins Perfekt gesetzt, und da Perfektpartizipien von regelmäßigen Verben immer auf -t und nie auf -d enden, gilt dies auch für englische Lehnwörter wie »getunt«, »getimt« und »gecancelt«.

Nur eine Schreibweise für den elektronischen Brief entspricht den Regeln der deutschen Rechtschreibung. Nämlich welche?

60

d E-Mail

Bei Zusammensetzungen aus einem einzelnen Buchstaben (meistens ein Kürzel) und einem Hauptwort wird gekoppelt, das heißt, es wird ein Bindestrich gesetzt. Der Anfangsbuchstabe von Hauptwörtern wird im Deutschen immer großgeschrieben. Der zweite Bestandteil der Zusammensetzung wird gleichfalls großgeschrieben, da der ja ohnehin schon ein Hauptwort ist. So auch: E-Book, U-Bahn, S-Bahn, A-Hölzchen, O-Saft, U-Musik, E-Musik, V-Zeichen.

4. NdR – Nach der Reform

61 Vor der Reform war es den Leuten ein Greuel, wenn ihre Blumen von den Gemsen mit Stumpf und Stengel gefressen wurden. Und heute?

c **Heute ist es den Leuten ein Gräuel, wenn ihre Blumen von den Gämsen mit Stumpf und Stängel gefressen werden.**

Das muss manchem noch *eingebläut* werden: Aufgrund ihrer Nähe zu den Wörtern Grauen, Gams und Stange werden das Gräuel, die Gämse und der Stängel gemäß neuer Rechtschreibung mit »ä« geschrieben.

62 Albtraum oder Alptraum: Welche Schreibweise galt vor der Rechtschreibreform als die allein richtige?

a **Alptraum**

Bis zur Rechtschreibreform war die Schreibweise mit »p« die allein richtige. Die Reform hat die Schreibweise mit »b« zugelassen, in der sich die Herkunft des Wortes besser erkennen lässt: Der Albtraum kommt vom Wort »Alben«, einer alten Form für Elfen.

63 Auch das bekannteste aller australischen Beuteltiere wurde ein Opfer der Rechtschreibreform. Wie schreibt man es hierzulande nunmehr korrekt?

c **Känguru**

Das Känguru schreibt sich seit der Rechtschreibreform im Deutschen ohne »h«. Davor schrieb es sich mit »h«: »Känguruh«. Die englische Schreibweise ist »kangaroo«.

Welche der folgenden Verbindungen aus Substantiv und Partizip lässt sich nicht in zwei Wörtern schreiben: glückverheißend, furchterregend, freudestrahlend, angsteinflößend?

c **freudestrahlend**

Wer freudestrahlend ist, der kann nicht »Freude strahlend« sein, da er nicht »Freude strahlt«, sondern allenfalls *vor* Freude strahlt oder Freude *ausstrahlt*. Getrenntschreibung ist nur dann erlaubt, wenn beide Teile auch getrennt geschrieben den gleichen Sinn ergeben wie bei Zusammenschreibung.

Was kann man nach neuer Rechtschreibung in der Freizeit *nicht* mehr tun?

c **radfahren**

Rad fahren wird nach neuer Rechtschreibung in zwei Wörtern geschrieben, in Angleichung an »Auto fahren« und »Zug fahren«. Bei substantivischem Gebrauch der Fügung wird zusammengeschrieben: das Radfahren, das Autofahren, das Zugfahren.

Einige Zeit lang herrschte übrigens große Verwirrung, da die Reform neben »ich laufe eis« und »ich stehe kopf« auch »ich laufe Eis« und »ich stehe Kopf« zulassen wollte. Dieser Beschluss ist allerdings wieder rückgängig gemacht worden.

Wie wird die eingedeutschte Form des französischen Wortes »placer« nach neuer Rechtschreibung geschrieben?

c **platzieren**

Das französische »placer« wurde im Deutschen erst zu »placieren«, seit 1901 dann amtlich mit »z« geschrieben (»plazieren«) und seit 2006 mit »tz«: »platzieren«.

64

65

66

67 Viele Menschen arbeiten von früh bis spät. Das ist jedoch nicht zu jeder Tageszeit erlaubt. Welche ist durch die Reform unzulässig geworden?

b **heute mittag**

Die Schreibweise »heute mittag« wurde durch die neue Schreibweise »heute Mittag« ersetzt. In Bezug auf »morgen früh« herrscht eine Sowohl-als-auch-Regel: Man kann auch »morgen Früh« schreiben.

68 Welches der folgenden Dinge dürften Sie – zumindest unter orthografischen Gesichtspunkten – im Baumarkt nicht bekommen: Dämmmaterial, Pappplatten, Stofffarben, Grass-saat, Pinnnadeln, Kontrolllampen?

d **Grasssaat**

Vor der Reform war die Häufung dreier gleicher Konsonanten zwischen Vokalen unzulässig: »Schiffahrt« durfte nur mit zwei »f« geschrieben werden. Da diese Regelung aber nur mit ästhetischen und nicht mit logischen Argumenten zu begründen war, wurde sie mit der Reform abgeschafft.

In Grassaat stecken trotzdem nur zwei »s«, da »Gras« nur mit einem »s« geschrieben wird. Krass, was?

69 Welche eingedeutschte Schreibweise des Wortes »Portemonnaie« ist seit der Rechtschreibreform zulässig?

8 **Portmonee**

Die französische Schreibweise »Portemonnaie« ist aber weiterhin zulässig. Angesichts der verwirrend vielen falschen Möglichkeiten ist es nicht verwunderlich, dass immer mehr Deutsche wieder zur guten alten »Geldbörse« greifen.

Welcher Satz steht nicht im Einklang mit der postreformatorischen Lehre von der Groß- und Kleinschreibung?

70

b) Er hat in Vielem Recht, aber nicht in Allem.

Bei »in vielem/in Vielem« gilt heute ebenso eine Kann-Bestimmung wie bei »recht haben/Recht haben«. An der durchgehenden Kleinschreibung der Formen von »alles« hat sich jedoch nichts geändert.

In welchem Satz ist die Kleinschreibung des Anredepronomens falsch?

71

d) Sehr geehrter Kunde, wir werden ihre Bestellung schnellstmöglich bearbeiten!

Das Anredepronomen »Sie« und die dazugehörigen Formen »Ihr/Ihre/Ihren« und »Ihnen« werden nach wie vor großgeschrieben. Daran hat die Reform nicht gerüttelt. Wenn man Ihnen verspricht, »ihre Bestellung« zu bearbeiten, dürfen Sie sich zu Recht fragen, wessen Bestellung damit wohl gemeint ist.

Welcher Doppel-s-Fall ist falsch: ein Ass, das Messergebnis, mit freundlichen Grüssen, in einem Fass auf dem Fluss, ein Name für Schlosshunde, ich muss?

72

c) Mit freundlichen Grüssen!

Die neue Rechtschreibung sieht vor, dass das Eszett nur noch hinter langen Vokalen und Doppelvokalen auftritt, so wie in den Wörtern »Floß«, »bloß«, »Maß«, »einschließlich«, »außer« und »äußerlich«. Hinter kurzen Vokalen steht dort, wo früher »ß« stand, jetzt ein Doppel-s: »Biss«, »dass«, »Kuss«, »nass«, »Schloss«. Da die Bayern das »a« im (weiblichen) Wort »Maß« kurz sprechen, darf eine Mass Bier auch mit Doppel-s geschrieben werden. »Mit freundlichen Grüssen« dürfen nur die Schweizer unterschreiben. In der Schweiz wurde das Eszett bereits seit den 30er-Jahren kaum noch praktiziert und 2006 offiziell abgeschafft.

73 Arme Hunde! Nach welchem Schild sollen sie sich richten?

a WIR MÜSSEN DRAUSSEN BLEIBEN

In Versalienschrift gibt es kein »ß«, dieses wird bei durchgehender GROSSSCHREIBUNG grundsätzlich zu Doppel-s aufgelöst.

74 Welche Schreibweise wird der Herkunft des Wortes »Quäntchen« eher gerecht – und mit welcher Begründung?

b Die alte Schreibweise mit »e«, denn Quentchen kommt von Quent.

Das Quäntchen hat nichts mit Quant, Quantum oder Quantität zu tun, sondern mit der alten Maßeinheit Quent, die auf das lateinische »quint(inus)« zurückgeht. Es wurde daher aus gutem Grunde »Quentchen« geschrieben. Durch die Rechtschreibreform wurde das »Quentchen«, dessen Schreibweise offenbar vielen Deutschen Probleme bereitete, in »Quäntchen« abgeändert.

75 Welches der folgenden Beispiele ist auch nach neuer Rechtschreibung falsch: Biografie, Corpus Delicti, Delfin, potenziell, Tolleranz, Varietee?

e Tolleranz

Zwar wird der »Tolpatsch« seit der Reform »Tollpatsch« geschrieben; doch die »Toleranz« der »Tollerei« anzugleichen, wäre eine nicht zu tolerierende Tollkühnheit gewesen.

Welches der folgenden Wörter wird nicht (mehr) mit
Doppel-k geschrieben: akkurat, Bakkalaureat, Makkaroni,
Mokka, okkult, Sakko, Streptokokken, Stukkateur?

h **Stukkateur**

Der altehrwürdige Beruf des Stukkateurs ist ausgestorben.
Lang leben der Stuckateur und die Stuckateurin!

Welches »Nach-Schi-Gefühl« wird hier beschworen?

b **Après-Ski-Feeling**

Das französische Wort für »nach« und »danach« lautet
»après«. Das gesellige Beisammensein nach den Abfahrts-
läufen, bei dem der Alkohol nicht selten in Strömen fließt,
wird Après-Ski genannt.

Welche Trennung des Wortes »Industrie« ist heute unzulässig?

a **In-du-strie**

In der früher vorwiegend gebrauchten Frakturschrift waren die
Buchstaben »s« und »t« zu einer Ligatur verbunden. Das sah
dann so aus: ſt

Aus diesem Grund hatte sich die Regel »Trenne nie st, denn
es tut ihm weh« eingebürgert. Da die st-Ligatur in modernen
Schriftsätzen keine Rolle mehr spielt, wurde diese Regel in der
Rechtschreibreform abgeschafft. Vormals wurde »Industrie«
zwischen zweiter und dritter Silbe hinter dem »u« getrennt,
heute wird es entweder hinter dem »s« oder hinter dem »t«
getrennt.

76

77

78

79 Kritiker wollten die Rechtschreibreform einst »zunichte machen«. Aus heutiger (Schreib-)Sicht gelang es ihnen nicht, die Reform ...

b **zunichtezumachen**

Das Verb »zunichtemachen« wird in einem Wort geschrieben; das gilt, wie bei allen zusammengesetzten Verben, auch für die mit »zu« erweiterte Grundform. Die unten gezeigte Form ist mitnichten vertretbar. Auch nicht mit Neffen.

> Shogun zu krönen. Der Plan wird aber zur Nichte gemacht da dieser scheinbar ruhmreiche und un- besiegbare Feldherr in einer Vollmondnacht durch einen einfachen Schützen niedergestreckt wird, zumal es damals nur bei Ehrensachen akzeptabel gewesen war mit Fernwaffen zu kämpfen. Um nicht Opfer der

AUS EINER LESER-REZENSION AUF AMAZON.DE

80 Jede größere Stadt leistet sich eine internationale Tagungsstätte. Von den aufgelisteten möglichen Schreibweisen findet sich nur eine einzige in der aktuellen Duden-Ausgabe des Jahres 2009. Welche ist es?

28 **Kongresszentrum**

Die Schreibweise mit »K« und »z« ist schon seit der ersten Rechtschreibreform aus dem Jahre 1901 verbindlich. Ein Jahrhundert lang war »Kongreßzentrum« die korrekte Schreib- weise. Seit der jüngsten Reform wird es nicht mehr mit »ß«, sondern mit Doppel-s geschrieben.

5. Das bisschen Grammatik ...

Politiker versprechen Abhilfe – in jedem Fall. Aber nur in einem ist es richtig!

b Wir werden uns der Probleme annehmen.

Das Verb »annehmen« regiert den Genitiv: Man nimmt sich eines Themas an. Der Genitiv von »die Probleme« lautet »der Probleme«.

81

Nur eine der folgenden Perfektformen ist wirklich perfekt, das heißt regelgemäß: gestriffen, gebackt, gebaden, gekreischt, gewunken, geschalten. Welche ist es?

d gekreischt

Das Perfektpartizip von »kreischen« heißt »gekreischt«, denn »kreischen« ist – wie »erheischen« und »zerfleischen« – ein regelmäßiges Verb.
Die übrigen Partizipien heißen korrekt: gestreift, gebacken, gebadet, gewinkt, geschaltet.

82

Befehlen will gelernt sein! Welche der folgenden Befehls-formen ist nicht standardsprachlich: bewirb, tritt, iss, steh, genieße, treffe, näh, stich?

f Treffe keine unüberlegten Entscheidungen!

Der Imperativ der 2. Person Singular von »treffen« heißt »triff!«. Verben, bei denen der Stammlaut »e« in der 2. und 3. Person Singular zu »i« wird (z. B. essen, du isst/er isst; treffen, du triffst/er trifft), bilden auch den Imperativ im Singular mit einem »i«: Iss! Triff!

83

84 Welche dieser vier Genitivformen ist falsch: am Morgen *eines jeden Tages*, die Wurzel *allen Übels*, zu Beginn *diesen Monats*, im April *nächsten Jahres*?

c **zu Beginn diesen Monats**

Der zweite Fall des stark gebeugten Demonstrativpronomens »dieser« lautet »dieses«: die Familie *dieses* Mannes, am Ende *dieses* Tages, zu Beginn *dieses* Monats. Was für »dieser« gilt, gilt auch für »jener«: die Familie *jenes* (nicht: *jenen*) Mannes, am Ende *jenes* Tages, zu Beginn *jenes* Monats.

85 Welche der folgenden Möglichkeitsformen ist streng genommen eine Unmöglichkeit:
ich möchte das nicht, er bräuchte sich nicht so zu beeilen, wir würden sonst alle krank, du könntest das besser?

b **Er bräuchte sich nicht so zu beeilen.**

Der Konjunktiv II von »er braucht« lautet korrekt »er brauchte«. Aufgrund der Klanggleichheit mit der Vergangenheitsform hat sich im Konjunktiv die umgelautete Form »bräuchte« etabliert, die aber nicht dem Standard entspricht. Die drei anderen Konjunktive sind standardsprachlich korrekt. Das Wort »würden« in »Wir würden sonst alle krank« ist die Konjunktiv-II-Form von »werden«.

86 Die Anredepronomen »du«, »dir«, »dein« und »dich« darf man heute in Briefen kleinschreiben, ohne dass dies als respektlos ...

c **gälte** oder **d** **gölte**

Es gilt dem Konjunktiv gegenüber noch heute als respektlos, wenn man die Form »gälte« nicht kennt, auch wenn diese zugegebenermaßen nur noch äußerst selten gebraucht wird. Daneben gelte auch die Form »gölte«, weiß der Duden zu berichten. Sie sei allerdings noch seltener. Das gölte es in der Praxis zu überprüfen.

Klasse kann man sein und haben. Wenn Sie diese Frage richtig beantworten, dann haben Sie ...

87

a **ein klasse Ergebnis**

Wenn »klasse« als Adjektiv gebraucht wird, schreibt man es klein (»Das ist klasse!«). Wenn es attributiv, das heißt vor dem Hauptwort, gebraucht wird, bleibt es unverändert, da es zur Ausnahmegruppe der Adjektive gehört, die nicht gebeugt werden können. Dazu gehören auch »super« und »prima« sowie »orange«, »lila«, »rosa« und alle anderen Farbadjektive, die von Fremdwörtern hergeleitet sind.

»Kennen Sie die Stadt Augsburg und ihre Puppenkiste?« – »Aber selbstverständlich! Ein jeder kennt doch ...«

88

b **Augsburg und seine Puppenkiste**

Auch wenn »die Stadt« weiblich ist, so sind Städtenamen sächlich: das Paris der 20er-Jahre, das geteilte Berlin, Köln und sein Dom, Augsburg und seine Puppenkiste.

Stark bleiben oder schwach werden? Wie beugt man uns Deutsche(n)?

89

a **Wir Deutsche entscheiden für uns als Deutsche.**

oder

c **Wir Deutschen entscheiden für uns als Deutsche.**

Hinter Personalpronomen (»wir«, »ihr«) können »Deutsche« sowohl stark als auch schwach (»Deutschen«) gebeugt werden. Hinter der Konjunktion »als« sind jedoch nur stark gebeugte »Deutsche« anzutreffen. Das Gleiche gilt für »Wir

Betroffene« und »Wir Betroffenen« – uns gibt es nur »als Betroffene« (nicht: als Betroffenen).

90 Welches der folgenden Dinge – Rasierklingen, Stadtmauern, Diamanten, Worte – gibt es nicht geschliffen, sondern höchstens geschleift?

b **Stadtmauern**

Wenn *schleifen* die Bedeutung »niederreißen«, »einebnen« hat, wird es regelmäßig gebeugt: Erst schleifte man die Nordmauer, am Ende wurde die gesamte Befestigung geschleift.

Wenn *schleifen* die Bedeutung »schärfen«, »glätten« hat, wird es unregelmäßig gebeugt: Der Barbier schliff seine Klingen; der Anwalt war bekannt für seine geschliffenen Worte.

Drittens *kann* schleifen auch die Bedeutung »etwas hinter sich herziehen«, »über den Boden schleppen« haben, dann wird es regelmäßig gebeugt: Der Bär schleifte die Beute in seine Höhle; die Braut musste von ihrem frisch vermählten Mann ins Bett geschleift werden.

91 Könnten Sie mir beim Flechten helfen?

d **ich flechte, du flichtst, er flicht**

Das Verb »flechten« ist ein unregelmäßiges Verb, bei dem der Stammlaut »e« in der zweiten und dritten Person Singular zum »i« wird, genauso wie bei »geben« (gebe, gibst, gibt). Das »t« gehört mit zum Wortstamm, daher endet das Verb in der 2. Person Singular auf »tst«.

92 Dass die Reisegruppe kaum etwas verstanden hat, lag daran, dass der Fremdenführer Deutsch nur ...

a **geradebrecht hat.**

Wenn Sätze übers Knie gebrochen und übelste Rede ver-
brochen wird, dann bedeutet das, dass jemand gerade
ziemlich radebrecht. »Radebrechen« ist ein regelmäßiges
Verb: Ich radebreche, du radebrechst (nicht: radebrichst),
wir haben geradebrecht. (Möglicherweise war dem Fremdenführer zu allem Übel auch noch übel, sodass er zusätzlich
gerade gebrochen hat.)

Toller Vorschlag: Wir können zu dritt ins Kino gehen, ...

c wenn du und dein Freund Lust habt.

»Du und dein Freund« ergibt zusammen 2. Person Plural,
also »ihr«: Wenn du und dein Freund (= wenn ihr) Lust habt.

93

Ergänzen Sie den Satz: »Man ... den Picasso links neben den
Cézanne, der seinerseits neben einem Monet ...«

94

**d Man hängte den Picasso links neben den Cézanne,
der seinerseits neben einem Monet hing.**

Wenn *hängen* transitiv ist (in der Bedeutung von anbringen,
aufhängen), wird es regelmäßig gebeugt: Man hängt das Bild,
man hängte das Bild, man hat das Bild gehängt.

Wenn *hängen* intransitiv ist (das Bild hängt schief/die Wäsche
hängt auf der Leine), wird es unregelmäßig gebeugt: Das Bild
hing schief, die Wäsche hat auf der Leine gehangen.

»Ich schwimme für mein Leben gern, darum ... ich auch
gestern, und wenn ich dabei nicht ertrunken wäre, dann ...
ich auch morgen wieder.«

95

c schwamm – schwömme

Zunächst die allgemeine Regel: Der Konjunktiv II wird grundsätzlich vom Präteritum abgeleitet. Unregelmäßige Verben,

die im Präteritum einen umlautfähigen Stammlaut (a, o, u) haben, werden dabei umgelautet: Aus »saß« wird »säße«, aus »grub« wird »grübe« und aus »schob« wird »schöbe«.

Das Präteritum von »schwimmen« lautet »schwamm«, folglich müsste es im Konjunktiv II zu »schwämme« umgelautet werden. Tatsächlich aber hat sich die alte Form »schwömme« gehalten, die auf ein mittelhochdeutsches »swummen« zurückgeht. »Schwimmen« ist daher heute ein in doppelter Hinsicht unregelmäßiges Verb. Kein Wunder, wenn man beim Schwimmen mit der Grammatik baden geht.

96 Wie verhalten sich die beiden Bauwerke grammatisch zueinander?

d Der Burdsch Chalifa ist fast dreimal so groß wie der Eiffelturm.

Wäre der Burdsch Chalifa dreimal größer *als* der Eiffelturm (d. h. um das Dreifache größer), wäre er insgesamt viermal so groß wie der Eiffelturm, also 1200 Meter. Die Antworten (a) und (b) sind nicht nur mathematisch unkorrekt, sondern obendrein auch grammatisch nicht haltbar, da der Komparativ (hier: »größer«) standardsprachlich die Konjunktion »als« verlangt.

97 Die Eltern ließen sich ihre Besorgnis nicht anmerken und taten so, …

b als wäre alles in Ordnung.

Hier ist der Konjunktiv II gefragt, da etwas zum Ausdruck gebracht wird, das nicht der Wirklichkeit entspricht. Der Konjunktiv II wird daher auch *Irrealis* genannt.

178

Das Futur II von »ihr seid« lautet ...

c **ihr werdet gewesen sein**

Das Futur II beschreibt einen abgeschlossenen Vorgang in der Zukunft; es setzt sich immer aus drei Teilen zusammen: der jeweiligen Form von »werden« (hier: »ihr werdet«), der Grundform von »haben« oder »sein« und einem vorangestellten Perfektpartizip (hier: »gewesen«).

Eintritt frei für Kinder ...

a **bis zu 12 Jahren**

Die Präposition »zu« regiert den Dativ, das zeigt sich am deutlichsten in der Frage: »Zu dir oder zu mir?« Der Dativ von »Jahre« lautet »Jahren«. Die Präposition »bis« hat hier keinen Einfluss auf die Beugung des Hauptwortes, da sie weiter weg steht – wie in den meisten anderen Fällen auch: bis auf, bis nach, bis vor, bis zu. Steht »bis« allein, dann folgt der Akkusativ: »bis 12 Jahre«, »bis nächstes Mal« (im Unterschied zu »bis *zum* nächsten Mal«).

Darf das Kind das wirklich?

d **Dass das das darf, das darf ja wohl**
                              nicht wahr sein!

Beim ersten »dass« handelt es sich um eine Konjunktion (ehemals »daß« geschrieben), bei allen anderen »das«-Nennungen um Pronomen, die durch »dies« oder »es« ersetzt werden können: »Dass es dies darf, dies darf ja wohl nicht wahr sein!«

6. Trefflich ausgedrückt

101

Schneller und immer schneller rauschte die Lawine ins Tal …

b **hinab**

Es muss »hinab« heißen, da niemand erwähnt wurde, aus
dessen Sicht die Lawine herunter- oder herabgerauscht
sein könnte. Hätte der Satz gelautet »Schneller und immer
schneller rauschte die Lawine *zu uns* ins Tal …«, wären
»herab« oder »herunter« die treffenden Adverbien gewesen,
weil dann aus *unserer* Sicht etwas von oben zu uns *herab*-
gerauscht wäre.

102

Der Bankräuber glaubte fest daran, dass der Überfall gelingen
würde. Schließlich war alles bis ins Kleinste …

c **ausgeklügelt**

Manchmal wird man aus Schaden klug, und aus klug wird
»klüger« und »ausgeklügelt«.

103

Eine Biennale ist …

a **eine zweijährliche Kunstschau**

Die Endung -ig beschreibt die Dauer eines Ereignisses, die
Endung -lich beschreibt das Intervall. Biennalen sind Kunst-
ausstellungen, die *zweijährlich* stattfinden, das heißt im
Rhythmus von zwei Jahren. Sie dauern einige Tage oder
Wochen. *Zweijährige* Ausstellungen hingegen finden für
die Dauer von zwei Jahren statt.

Ich bin einmal ganz durch Deutschland gefahren, das heißt, ich habe das ganze Land ...

b durchfahren

Je nachdem, wie man das Verb »durchfahren« betont, bedeutet es entweder »durchqueren« oder »ohne Unterbrechung fahren«. Liegt die Betonung auf »fahren«, kommt das Partizip ohne die Vorsilbe »ge-« aus: Ich *habe* das ganze Land *durchfahren* (und *bin* dabei die ganze Nacht *durchgefahren*).

Die Dreharbeiten waren sehr anstrengend, denn der Regisseur war ausgesprochen ...

a launisch

Das Wort »launig« bedeutet »gut aufgelegt«, »humorvoll«, während »launisch« eher das Gegenteil bezeichnet, nämlich »launenhaft«, »zickig«, »unberechenbar«.

Zu den Fähigkeiten der Wikinger zählte auch die Beherrschung ...

b eines Drachens

Während das Fabelwesen »der Drache« im Genitiv zu »des Drachen« wird, werden das Fluggerät und das Segelschiff (»der Drachen«) im Genitiv zu »des Drachens«. Wikinger fuhren mit Drachenbooten, kannten sich also mit den Eigenschaften eines Drachens aus. Dass sie es auch mit feuerspeienden Drachen aufnahmen, wird in dem fabelhaften Trickfilm »Drachenzähmen leicht gemacht« zur dreidimensionalen Illusion.

107 Wofür steht der Einschub in »Das ist, mit Verlaub, eine ziemliche Unverfrorenheit!«?

a mit Ihrer Genehmigung

Der »Verlaub« und die »Erlaubnis« sind gleichbedeutend. Ersterer ist ziemlich aus der Mode gekommen und wird heute nur noch in der festen Wendung »mit Verlaub«gebraucht, wahlweise ergänzt um »gesagt« oder »zu sagen«: »Ich bin, mit Verlaub gesagt, empört!«

108 Sprechen Sie nicht in so einem Ton mit mir! Haben Sie gehört?

b Ich verbitte mir diesen Ton!

Der Ausdruck »sich etwas verbitten« bedeutet »auf Unterlassung drängen«. In der Vergangenheit wird »verbitten« zu »verbat«, im Perfekt zu »verbeten«. (Das möchte ich mir verbeten haben!)

109 Welche der drei Formulierungen ist verkehrt: Was erhoffst du dir davon, was versprichst du dir davon, was erwartest du dir davon?

c Was erwartest du dir davon?

»Sich etwas erwarten« ist eine irrtümliche Kreuzung aus »sich etwas versprechen« und »etwas erwarten«. Richtig  heißt es: »Was erwartest du davon?«

110 Manches passiert so schnell, dass man kaum gucken kann. Anders ausgedrückt: Manches geschieht, ...

b ehe man sich's versieht.

Der Ausdruck »ehe man sich's versieht« steht mit dem Personalpronomen »es«, verkürzt zu »'s«. Dieses unpersönliche »es« tut eigentlich nichts zur Sache; es hat sich vor langer Zeit in Analogie zu Wendungen wie »sich's gemütlich machen« und »sich's gut gehen lassen« hineingeschlichen. Und eh man sich's versah, blieb's da!

In dem kleinen Lokal am See werden die Gäste aufs Beste ...

 **verköstigt**

111

Das Verb »verköstigen« bedeutet »bewirten«. »Verkosten« hingegen heißt »schmeckend prüfen«, so wie man es bei einer Weinverkostung mit dem Wein macht.

Die eleganteste der genannten vier Möglichkeiten lautet:

112

c **Beide Kandidaten erklärten einander für unfähig, das Land zu regieren.**

Das Pronomen »einander« macht unmissverständlich klar, dass der eine Kandidat den jeweils anderen für unfähig hielt und nicht etwa sich selbst, was bei (a) herausgelesen werden kann.

Antwort (a) ist missverständlich, Antwort (b) zwar unmissverständlich, aber umständlicher als (c), und Antwort (d) ist ungrammatisch, da es »sich einander« nicht gibt.

Es lohnt sich, über diese Frage nachzudenken: Wie sagt man es am besten?

113

b **Das sind Worte, über die es sich nachzudenken lohnt.**

Mehrere Antworten sind möglich, aber nur die zweite ist stilistisch die beste: Das finite Verb (hier: »lohnt«) gehört in einem Nebensatz immer ans Ende. Das davon abhängige zweite Verb »nach(zu)denken« sollte die Position unmittelbar davor bekleiden (also an zweitletzter Stelle stehen). Somit bleibt für »es sich« nur die drittletzte Position.

114

Die Aufsteller von Altkleidercontainern bitten normalerweise (von Ausnahmen wie oben abgesehen) um das Einwerfen ...

b **tragbarer Kleidung**

Kleidung, die man (noch) tragen kann, ist tragbar. Tragfähig hingegen bedeutet »in der Lage sein, etwas zu tragen«. Ein tragfähiger Balken ist in der Lage, eine Decke zu stützen. »Tragfähige Kleidung« wäre demnach Kleidung, die in der Lage ist, ihren Träger zu tragen.

Wann kommen Träume, Einbrecher und die halbjährliche Zeitumstellung?

b **Zu nachtschlafender Zeit**

Das Partizip »schlafend« bezieht sich hier nicht etwa auf die Nacht, sondern auf die Menschen, die nachts in ihren Betten liegen.

Jetzt wird es kompliziert: In diesem Satz ist nämlich eine Frage ...

c **impliziert**

Das Wort »implizieren« bedeutet »mit enthalten«, »einbeziehen«. Wenn ein Satz eine Frage impliziert, dann ist diese in dem Satz enthalten.

Der Energie-Experte verlangte ein generelles Exportverbot ...

b **für sensible Atomtechnik**

Der Ausdruck »sensibel« bedeutet »empfindlich«. Wer »sensibilisiert« ist, der wurde für die Aufnahme von Reizen empfindlich gemacht. »Sensitiv« hingegen bedeutet »leicht reizbar« und ist daher häufiger auf Zahnpastatuben und psychologischen Gutachten zu lesen. Zwischen Technik und Technologie besteht kein klar definierter Unterschied.

Auf den Tag genau vor 25 Jahren wurde die Buchhandlung am Lumpenplatz eröffnet. Nachbarn, Verlagsvertreter und Kunden gratulieren ...

c **zum 25. Jubiläum**

Auf ein 25-jähriges Jubiläum hat es wohl noch niemand gebracht, denn das hieße, dass er seit 25 Jahren permanent feiert und jubelt. Daher gratuliert man nicht zum 25-jährigen

Jubiläum. Man gratuliert auch nicht zum 25. Gründungsjahr oder einem seit 25 Jahren andauernden Gründungstag. Aber man gratuliert einer Institution zum 25. Jubiläum oder zum 25-jährigen Bestehen.

Gegen die Behauptung, er sei offensichtlich verwirrt, hatte sich der Angeklagte mit aller Entschiedenheit ...

 verwahrt

Der Ausdruck »sich gegen etwas verwahren« bedeutet »etwas energisch zurückweisen«. »Verwehren« hingegen bedeutet »verweigern«: »Der Zugang blieb ihm verwehrt.«

120 Welcher der genannten Ausdrücke ist kein Pleonasmus?

g Minuswachstum

Das Minuswachstum ist kein doppelt gemoppeltes Wachstum, sondern im Gegenteil ein Schrumpfen. Es ist daher kein Pleonasmus, sondern ein Oxymoron: eine Zusammensetzung aus Gegensätzen. Man kann es auch einen Euphemismus nennen, eine sprachliche Schönfärberei; denn als solche kam der Begriff in den Umlauf: Wirtschaftssprecher bedienen sich seiner, um nicht die unbequemen Worte »Rückgang« oder »Rezession« aussprechen zu müssen.

7. Schöne fremde Wörter

Ein Klassiker unter den Fahrgeschäften auf der Kirmes und dem Rummelplatz ist das ...

121

a) Karussell

Das Karussell ist eine Eindeutschung des französischen Wortes »carrousel«, das allerdings eine ganz andere Konsonantenverteilung aufweist.

1869 mischte der französische Chemiker Hippolyte Mège-Mouriès aus Milch, Wasser, Nierenfett und zerstoßenem Kuheuter ein Butter-Ersatzprodukt, das wenig später seinen Siegeszug um die Welt antrat. Unter welchem Namen?

122

d) Margarine

Heute wird bei der Herstellung von Margarine übrigens auf zerstoßenes Kuheuter verzichtet.

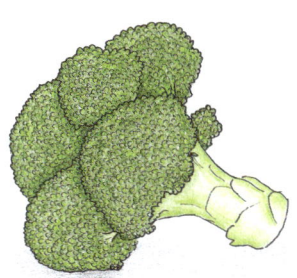

Diese Gemüsepflanze aus der Familie der Kreuzblütengewächse war bis ins 16. Jahrhundert nur in Italien bekannt und trägt daher noch heute einen italienischen Namen. Wie schreibt dieser sich im Deutschen richtig?

123

b) Brokkoli

Die ans Italienische angelehnte Schreibweise »Broccoli« ist ebenfalls zulässig. Daneben gibt es mehrere deutsche Bezeichnungen für den Brokkoli, unter anderem Spargelkohl und Bröckelkohl, die jedoch nur geringe Verbreitung gefunden haben.

124 Es gibt notorische Lügner genauso wie notorische Besserwisser. Was genau bedeutet »notorisch«?

e offenkundig

»Notorisch« bedeutet »allgemein bekannt«, und im Speziel-
len: »für eine schlechte Eigenschaft bekannt«. Ein notorischer
Lügner ist dafür bekannt, dass er die Unwahrheit sagt. Sein
Hang zur Lüge ist demnach offenkundig.

125 Wer eine abfällige Bemerkung macht, der äußert sich ...

c despektierlich

»Despektierlich«, gebildet vom lateinischen »despectare«,
bedeutet »herablassend«, »geringschätzig«, »abfällig«.

126 Gürtel, Sonnenbrillen, Taschen, Schnallen – was für den einen
unentbehrlich zur Vervollständigung des Looks, ist für den
anderen bloß Schnickschnack. Die Modebranche verwendet
natürlich ein französisches Wort. Wie schreibt man es richtig?

b Accessoires

Die Einzahl lautet »das Accessoire«, in der Mehrzahl sind es
»die Accessoires«.

127 Beim Kochduell der Magier siegte Meister Merlin mit einem
aus Krötenschleim, Schlangenaugen und Regenwürmern
angerührten, übel riechenden, grünlich schimmernden ...

c Elixier

Elixier bedeutet »Heiltrank«, »Zaubertrank« und ist die
eingedeutschte Form des lateinischen Wortes *elixirium,*
welches wiederum auf el-iksīr zurückgeht, das arabische Wort
für den »Stein der Weisen«.

Der Aussichtsturm im Freizeit- und Erlebnispark Teichland wird nachts nicht *eliminiert*, sondern ...

d **illuminiert**

Der Turm wird nachts illuminiert, das heißt beleuchtet, erhellt, angestrahlt. In »illuminieren« und dem Hauptwort »Illumination« steckt das lateinische Wort »lumen«, das »Licht« bedeutet.

Womit fasst man eine überaus empfindliche Person am besten an, wenn man die Samthandschuhe verlegt hat?

a **mit Glacéhandschuhen**

Glacé ist der französische Name für ein feines, glänzendes Gewebe. Daraus gemachte Handschuhe wurden häufig zu vornehmen Anlässen und den entsprechenden Anzügen (Smoking, Frack) getragen. Neben der Schreibweise Glacé ist auch die eingedeutschte Form Glacee zulässig.

Pöbel, Meute, Gesindel, randalierender Haufen, aufrührerische Menge – all das beschreibt das Wort ...

d **Mob**

Das aus dem Englischen übernommene Wort »Mob« geht auf das lateinische *mobile vulgus* zurück, die aufgewiegelte Menge. Weitere klangvolle deutsche Wörter für den Mob sind Lumpenpack, Drachenbrut, Straßenpöbel und Geschmeiß.

Ein geschliffener Diamant ist ein ...

b **Brillant**

Wenn Sie sich für »Brillant« entschieden haben, war Ihre Antwort richtig, um nicht zu sagen: brillant! Das Wort »Brillant« kommt aus dem Französischen. Hinter dem

Doppel-l steht kein »i«, da das mitgesprochene »i« oder »j«
bereits im Doppel-l enthalten ist – genau wie bei »Billard«
und »Vanille«.

132 Wer im Auto hinten sitzt, der sitzt im ...

b **Fond**

Das Wort »Fond« kommt ebenfalls aus dem Französischen
und bedeutet »Hintergrund«. Es geht zurück auf das lateinische Wort *fundus,* das »Boden«, »Grundlage« bedeutet.

133 »Eine güldne, gute Tugend: Lüge nie!« ist nicht nur ein gut
gemeinter Rat, sondern darüber hinaus ein ...

b **Palindrom**

Eine Buchstabenkette, die vorwärts wie rückwärts gleich
gelesen werden kann, nennt man ein Palindrom – von grie-
chisch παλίνδρομος *(palíndromos)* »rückwärts laufend«.

134 Das Foto, auf dem Renate mit Rémi in Rimini zu sehen ist,
bedeutet ihr viel. Solch wertvolle Erinnerung nennt man
eine ...

b **Reminiszenz**

Das Wort Reminiszenz wurde aus dem lateinischen
Verb reminisci (»sich erinnern«) gebildet.

135 Welches Beispiel eines »merkwürdigen gleichzeitigen
Nebeneinanders« ist richtig geschrieben?

d **skurrile Parallelität**

Das Wort »skurril« kommt vom lateinischen *scurrilitas,* dem
Wort für »Albernheit« und »Posse«. So wie auch das Wort

»komisch« im engeren Sinne »lustig«, im weiteren Sinne »seltsam« bedeutet, hat auch »skurril« seine Bedeutung von »albern« auf »merkwürdig« ausgeweitet.
»Parallelität« und »Parallelen« sind parallel aus dem griechischen παρα (para = neben) und αλλήλων (allélon = einander) entstanden.

Welches der genannten vier Fremdwörter wird nicht mit Doppel-k geschrieben, ist hier also falsch?

136

b **Akkupunktur**

Akupunktur wird nur mit einem k geschrieben. Das gilt übrigens auch für ähnliche Therapieformen; erst recht, wenn sie sich als traditionell verstehen:

Man kann sich über vieles lustig machen, man könnte sich aber auch genauso gut darüber ...

137

d **mokieren**

»Sich mokieren« hat nichts mit »Mucks« und »aufmucken« zu tun, sondern mit dem französischen Verb »se moquer«:

Man mokiert sich (über *etwas* oder *jemanden*) im Präsens,
man mokierte sich im Präteritum, und im Perfekt *hat man
sich mokiert.*

138 Welcher der genannten vier Begriffe bezeichnet ein Produkt
der Eiszeit?

b **Moräne**

Die Moräne ist eine von einem Gletscher bewegte Geröll-
schicht. Die Maräne ist ein Süßwasserfisch aus der Familie
der Lachse, die Muräne ein aalartiger Tropenfisch, und die
Marone ist eine Esskastanie.

139 Vorbeugen ist besser als Heilen, findet die Krankenkasse
und setzt deshalb verstärkt auf die ...

e **Prophylaxe**

»Prophylaxe« entstammt dem Griechischen und bedeutet
Vorbeugung. Die wohl bekannteste zahnmedizinische
Prophylaxe ist das tägliche Zähneputzen.

140 Welche der genannten blühenden Pflanzen ist als einzige
richtig geschrieben?

f **Forsythie**

Die Forsythie ist benannt nach dem britischen Botaniker
William Forsyth (1737–1804), der diese Zierpflanze allerdings selbst nie zu sehen bekommen hat: Sie wurde erst
einige Jahrzehnte nach seinem Tod aus China eingeführt. Die
übrigen Blumen und Ziersträucher werden folgendermaßen
geschrieben: Amaryllis, Azalee, Chrysantheme, Dahlie, Phlox,
Freesie, Glyzinie, Hyazinthe, Krokus, Malve, Rhododendron.

8. Punkt, Punkt, Komma, Strich

Wie viele Kommas gehören in diese Reihung?

Manche Autofahrer können gleichzeitig lenken telefonieren ihr Aussehen im Spiegel kontrollieren einen neuen Musiktitel auswählen das Navi programmieren und sich dabei auch noch über andere Verkehrsteilnehmer aufregen.

 e **vier Kommas**

Der Satz besteht aus einer Aufzählung von sechs Tätigkeiten. Die ersten vier werden jeweils durch ein Komma abgetrennt, hinter der fünften schließt sich ein »und« an, weshalb es keines fünften Kommas bedarf. Das sechste und letzte Glied der Aufzählung endet mit dem Punkt, und daher lautet der Satz folgendermaßen:

Manche Autofahrer können gleichzeitig lenken, telefonieren, ihr Aussehen im Spiegel kontrollieren, einen neuen Musiktitel auswählen, das Navi programmieren und sich dabei auch noch über andere Verkehrsteilnehmer aufregen.

Welcher Satz ist in Bezug auf die Zeichensetzung unvollständig?

 d **Das Paket wird von Fritz dem Nachbarn abgeholt.**

Otto der Große, Lukas der Lokomotivführer und Kermit der Frosch stellen als Namen feste Fügungen dar, die nicht durch Komma getrennt werden. Bei Fritz, dem Nachbarn, handelt es sich um einen Vornamen, gefolgt von einem erklärenden Einschub: einer sogenannten Apposition, die zwischen Kommas gesetzt wird.

143 Sind Sie bereits bedient? Dann kommt diese Frage gerade recht! Welcher Satz ist richtig?

 c **Draußen auf der Terrasse wird heute und morgen, am Samstag, nicht bedient.**

»Draußen auf der Terrasse« bildet eine Einheit (adverbiale Bestimmung des Ortes), genau wie »drinnen im Haus« oder »oben auf dem Dach«. Der Hinweis »am Samstag« ist ein zwischen Kommas stehender Einschub, der das Wort »morgen« genauer bestimmt.

144 Wie viele Kommas benötigt dieser Satz zu seiner Vervollkommnung?

»Ich wollte Sie fragen ob es möglich wäre dass Sie mir in einer Angelegenheit die äußerste Diskretion erfordert einen Rat geben.«

 e **vier Kommas**

Es handelt sich um einen Hauptsatz (»Ich wollte Sie fragen«), an den sich zwei Nebensätze anschließen (»ob es möglich wäre« und »dass Sie mir in einer Angelegenheit einen Rat geben«), in deren letzten ein Relativsatz eingeschoben ist (»die äußerste Diskretion erfordert«). Je ein Komma vor den beiden Nebensätzen sowie je eines vor und hinter dem eingeschobenen Relativsatz macht vier Kommas insgesamt:

»Ich wollte Sie fragen, ob es möglich wäre, dass Sie mir in einer Angelegenheit, die äußerste Diskretion erfordert, einen Rat geben.«

145 Ist das Komma auf dem Schild mit der Aufschrift »Bei Ertönen der Hupe, Motor abstellen und Garage sofort verlassen! Vergiftungsgefahr!« richtig?

 b **Nein, es ist falsch**

»Bei Ertönen der Hupe« ist kein Nebensatz, sondern eine adverbiale Bestimmung, die Teil des Hauptsatzes ist und von diesem nicht abgetrennt werden darf. Ein Komma wäre angebracht, wenn der Hinweis folgendermaßen lautete: »Wenn Hupe ertönt, Motor abstellen und Garage sofort verlassen!« Merke: »Bei Verzicht auf Nebensatz Komma weglassen! Fehlergefahr!«

Ist der Satz »Bitte den Spülknopf so lange drücken, bis klares Wasser im Becken steht !« hinsichtlich der Kommasetzung korrekt?

146

 Ja, er ist korrekt.

Man könnte allenfalls das Leerzeichen vor dem Ausrufezeichen beanstanden, doch an der Kommasetzung gibt es nichts auszusetzen. Das Komma trennt hier mustergültig einen Aufforderungssatz (»Bitte den Spülknopf drücken!«) von einem Nebensatz (»bis klares Wasser im Becken steht«).

Wie viele Kommas benötigt dieser Satz, um vollständig zu sein?

147

»Nach Abschluss ihres ersten wichtigen Verkaufsvertrages ließen sich die beiden erst kürzlich nach München gezogenen Immobilienmaklerinnen von ihrem Chef und der vollzählig angetretenen Belegschaft beglückwünschen und gingen anschließend zum Feiern in ihr bevorzugtes Restaurant.«

 kein Komma

Der Satz enthält weder einen Einschub noch eine Aufzählung oder einen Nebensatz, daher wäre hier jedes Komma ein Komma zu viel.

Und wie viele Kommas benötigt dieser Satz?

Es war wie sie vermutet hatte nicht das erste Mal
dass er sie betrogen hatte und würde so sie nichts
dagegen unternahm wohl auch nicht das letzte Mal
gewesen sein.

 sechs Kommas

In den Hauptsatz »Es war nicht das erste Mal und würde
wohl auch nicht das letzte Mal gewesen sein« sind drei
Nebensätze eingeschoben, die jeweils vorn und hinten
durch ein Komma abgetrennt sind. Und drei mal zwei
macht sechs!

Es war, wie sie vermutet hatte, nicht das erste Mal,
dass er sie betrogen hatte, und würde, so sie nichts
dagegen unternahm, wohl auch nicht das letzte Mal
gewesen sein.

In welchem Satz ist das Komma fehl am Platz?

 **Er wollte sowohl meine Freundschaft,
als auch mein Geld.**

Vor »andererseits«, »aber« und »sondern« steht ein Komma;
denn es handelt sich bei allen dreien um entgegensetzende
Konjunktionen, die eine Sollbruchstelle im Satzfluss markieren.

Die Konjunktion »sowohl – als auch« erfüllt hingegen
eine ähnliche Funktion wie »und« und kommt daher ohne
Komma aus. Richtig heißt der Satz demnach: »Er wollte
sowohl meine Freundschaft als auch mein Geld.«

Welcher Anzeigentext ist richtig interpunktiert?

a **Wir heiraten Samstag, den 16. Juni, um 14 Uhr in der Marienkirche zu Lübeck.**

Die zweiteilige Datumsangabe wird durch ein Komma strukturiert: Samstag, den 16. Juni. Am Ende der Datumsangabe kann ein zweites Komma stehen, muss aber nicht. Der Text wäre auch in dieser Form korrekt: »Wir heiraten Samstag, den 16. Juni um 14 Uhr in der Marienkirche zu Lübeck.«

Auch für die Uhrzeit gilt: Kommas sind nicht zwingend erforderlich. Die Ortsangabe »Marienkirche zu Lübeck« kommt ohne Komma aus, da die Präposition »zu« bereits eine treffliche Verbindung darstellt, die ein Komma nur entzweien würde.

Infinitivgruppen stehen meist mit Komma, aber nicht immer. Von den genannten Sätzen kommt einer ohne Komma aus. Welcher ist es?

c **Einmal mit einem Fesselballon zu fahren ist mein größter Wunsch.**

In dieser Anordnung kann – trotz des erweiterten Infinitivs – auf ein Komma verzichtet werden. Hieße der Satz stattdessen »Einmal mit einem Fesselballon zu fahren, *das* ist mein größter Wunsch«, dann wäre das Komma unerlässlich, weil die Infinitivgruppe dann einen Rückbezug zum Pronomen »das« darstellt.

Bei welcher der aufgezählten Anreden und Grußformeln sollte man besser auf das Komma verzichten?

e **Grüß dich, Gott!**

Das Setzen eines Kommas zwischen »Grüß dich« und »Gott«

ergibt nur in dem Moment einen Sinn, da man vor seinen Schöpfer tritt. Ansonsten wünscht man anderen, dass Gott sie grüßen (das heißt segnen) möge, und dazu braucht es kein Komma.

153 Welches der gezeigten Beispiele hat sich seinen Punkt am Ende redlich verdient?

 Das ist gut. Sogar sehr gut.

Es handelt sich hier um zwei Sätze, von denen der zweite zwar unvollständig (elliptisch) ist, was aber nichts an der Tatsache ändert, dass er mit einem Punkt zu enden hat.

Datumsangaben (a), Zeitungsüberschriften (b), Grußformeln in Briefen oder E-Mails (d) und Titel von Büchern, Musikstücken oder Filmen (e) stehen ohne Punkt.

154 Wie geht es hinter diesem Doppelpunkt weiter:

 groß oder klein?

Folgt hinter dem Doppelpunkt ein vollständiger Satz, so beginnt dieser mit einem Großbuchstaben. Handelt es sich aber nur um einen Halbsatz, eine Aufzählung oder gar ein einzelnes Wort, so wird kleingeschrieben:

Sie blickte prüfend in den Spiegel: alles in Ordnung!

Hastig durchwühlte er die Tasche. Sie enthielt: absolut nichts!

Ich mag: grüne Bohnen, gelbe Paprika, rote Marmelade.

Ich mag nicht: braune Bananen, blauen Käse, schwarzen Toast.

Wie werden die drei Auslassungspunkte gesetzt? Direkt an den letzten Buchstaben oder immer erst hinter einem Leerzeichen?

155

 immer erst hinter einem Leerzeichen ...

Zwischen einem Wort und ... den Pünktchen ... steht immer ein Leerzeichen! Es sei denn, die Pünktchen ersetzen einen Teil eines Wortes, das nicht voll ausgeschrieben wird, was gelegentlich bei Flüchen oder Schimpfwörtern der Fall ist:
  »Verdammte Sch...!«, rief die Neiße, als sie in die Oder lief.

In welchem der genannten Sätze gehört zwischen die Adjektive ein Komma?

156

 die störrische junge Katze

Stehen zwei (oder mehrere) gleichrangige Adjektive vor einem Hauptwort, so werden diese mit Komma getrennt. Ob sie tatsächlich gleichrangig sind, lässt sich daran erkennen, dass man das Komma auch durch ein »und« ersetzen kann und dass die Adjektive den Platz tauschen können, ohne dass sich der Sinn verändert.

Das ist nur bei der störrischen, jungen Katze der Fall, die auch als junge, störrische Katze ihr Unwesen treiben kann. Die berühmte schwarze Kobra kann nicht ebensogut eine schwarze und berühmte Kobra genannt werden, denn »schwarz« und »Kobra« bilden ein Gespann, das nur zusammen »berühmt« ist.

Gleiches gilt auch für das Hähnchen, das nicht erstens halb und zweitens lecker ist, sondern als halbes lecker ist. Und die »ganze zweite Stunde« ist nicht austauschbar mit der »zweiten ganzen Stunde«.

Die »gute alte Zeit« und die »feine englische Art« schließlich sind feste Fügungen, die ohne Komma auskommen.

157 Eine deutsche Baumarktkette warb einige Zeit lang mit dem Spruch »Geht nicht, gibt's nicht.« Wird dieses Komma der Werbeabsicht gerecht?

b) Nein, es wird ihr nicht gerecht.

Das Komma ist sogar sinnentstellend, denn es erzeugt eine fatale Aufzählung, die einen denken lässt, der Baumarkt hätte zwei Devisen: »Das können wir nicht« und »Das führen wir nicht«.

Gemeint ist aber, die Ansage »Geht nicht« existiere nicht, da es für jedes Problem eine Lösung gebe. Mit richtiger Interpunktion hätte der Werbespruch so aussehen müssen:

„Geht nicht" gibt's nicht.

Die Devise »Geht nicht, gibt's nicht« wurde inzwischen vom Markt genommen und durch »Hier spricht der Preis« ersetzt.

158 Der Gedankenstrich, auch Halbgeviertstrich genannt, erfüllt verschiedene Funktionen. Welche gehört *nicht* dazu?

b) Verwendung als Ergänzungsstrich

Als Ergänzungsstrich verwendet man den Bindestrich (auch Divis genannt). Binde- und Gedankenstrich werden oft verwechselt, was daran liegt, dass auf den Tastaturen meist nur Platz für den Bindestrich ist. Der Gedankenstrich muss durch das Drücken einer Tastenkombination erzeugt werden.

Welche Anführungszeichen sind deutsch?

159

b „..." oder **c** »...«

Die regulären deutschen Anführungszeichen sehen aus
wie zwei eng gesetzte Kommas, die Abführungszeichen wie
zwei umgedrehte Apostrophe. Als Eselsbrücke dient die Zahl
9966 – an ihr kann man sich die Ausrichtung von Kringel
und Schwänzchen merken. Daneben gibt es im Deutschen
auch eckige Anführungszeichen, die wie umgekehrte
französische Guillemets aussehen.

"..." typografische Anführungszeichen

„..." deutsche Anführungszeichen

»...« deutsche Nebenform

« ... » französische Anführungszeichen (Guillemets)

"..." amerikanische Anführungszeichen

„..." ungarische Anführungszeichen

Welche Funktionen haben Anführungszeichen?

160

a **Kenntlichmachung von Buch- und Filmtiteln,
wörtlicher Rede und Änderung der Lesart**

Anführungszeichen haben viele verschiedene Funktionen,
wie zum Beispiel die Kenntlichmachung von Buch-, Film- und
Musiktiteln sowie von Schiffs-, Hotel- und Restaurantnamen
innerhalb eines Textes:
Sie wohnten im »Atlantic« und hörten den ganzen Tag
»Yesterday« von den Beatles.
Vor allem dienen Anführungszeichen zur Kenntlichmachung
von wörtlicher Rede und von Zitaten.
Willy Brandt sagte: »Jetzt wächst zusammen, was zusam-
mengehört.«
Darüber hinaus kennzeichnen Anführungszeichen eine
Änderung der Lesart: Worte, die in Anführungszeichen stehen,

sind nicht im wörtlichen, sondern übertragenen, oftmals
ironischen Sinn zu verstehen:

Seit Jochen bei der Bahn arbeitete, sagten seine Freunde
über ihn, er lebe »in vollen Zügen«.

Unter keinen Umständen dienen Anführungszeichen zur
Hervorhebung von Wörtern in ihrer eigentlichen Bedeutung:

9. Sprichwörtlich durch den Kakao gezogen

Wer es ordentlich krachen lässt und es reichlich bunt treibt, der ...

161

a **schlägt über die Stränge.**

Wenn in einem Gespann ein unruhiges Pferd mit den Hinterhufen über den Zugstrang hinaus ausschlägt, dann sagt man, es schlägt über den Strang oder über die Stränge. Dieser Ausdruck wurde auf Menschen übertragen, die sich ungehörig benehmen. Die Redewendung hat also nichts mit Strenge zu tun.

Zu dieser Frage muss jeder eine Kleinigkeit beitragen, und zwar sein ...

162

b **Scherflein**

Ein Scherflein (von Scherbe, Scherblein) war ein Bruchstück, das beim Brechen eines Silberpfennigs entstand. Auf diese Weise wurde im Mittelalter Kleingeld erzeugt. Später wurde »Scherflein« zur Bezeichnung für kleine Münzen, heute kennt man es nur noch in der feststehenden Wendung »sein Scherflein zu etwas beitragen«.

Was üblich ist und allgemein, das soll auch recht und billig sein. Sag's nach alter deutscher Rede:

163

d **Das ist bei uns gang und gäbe.**

Die Wendung »gang und gäbe sein« stammt aus der Kauf-mannssprache des Mittelalters. Mit »gang« bezeichnete man, was »gängig« (also verbreitet) ist. Der zweite Bestandteil geht auf das mittelhochdeutsche Wort »gaebe« zurück, was »gültig« und »annehmbar« bedeutete. Wörtlich übersetzt bedeutet »gang und gäbe« also »gängig und gültig«. In früheren Zeiten bezog sich dies hauptsächlich auf Münzen.

164

Wer nicht besonders helle ist, der ist sprichwörtlich ...

c **kein großes Kirchenlicht**

Es heißt zwar »(k)eine große Leuchte sein«, aber in Verbindung mit »Kirche« spricht man vom »großen Kirchenlicht«. Als solches bezeichnete man einst bedeutende Theologen.

165

Wer jemandem auf die Schulter klopft und dazu »Hals- und Beinbruch!« sagt, der wünscht dem anderen in Wahrheit ...

c **Glück und Segen**

Die Redewendung »Hals- und Beinbruch« ist eine klangliche Umdeutung des jiddischen »hatsloche u broche« (von hebräisch »*hazlacha uwracha*«), was »Glück und Segen« bedeutet.
Der Erfolg dieses missverstandenen Glück-Wunsches ist mit einem Aberglauben zu erklären, demzufolge es den launischen Mächten des Schicksals gefällt, die guten Wünsche der Menschen ins Gegenteil zu verkehren. Indem man jemandem etwas Schlechtes wünscht, hofft man, die Schicksalsmächte zu überlisten und sie dazu zu bringen, das Gute eintreten zu lassen.

166

»Marmor, Stein und Eisen bricht, aber unsere Liebe nicht«, sang Drafi Deutscher 1965. Auf welchen alten Albumvers geht dieser Titel zurück?

b **Marmor, Stein und Eisen bricht, aber unsere Freundschaft nicht.**

Der Vers »Marmor, Stein und Eisen bricht, aber unsere

Freundschaft nicht« findet sich schon in Poesiealben des
19. Jahrhunderts, gelegentlich auch in der Schreibweise
»Marmorstein und Eisen bricht«.

Wer oder was verbirgt sich hinter den sprichwörtlichen
Ölgötzen?

167

c) Die schlafenden Jünger Jesu

Die Ölgötzen sind eine Verkürzung der »Ölberggötzen«,
einer volkstümlichen Bezeichnung für die auf Bildern oft auf
dem Ölberg schlafend dargestellten Jünger Jesu. Der Begriff
»Ölgötze« wird heute salopp und abwertend gebraucht für
jemanden, der unbeweglich ist oder teilnahmslos erscheint.

Welche der genannten Bauernregeln ist in Wahrheit gar
keine?

168

**c) Zeigt sich Sonne viel im Mai,
mäht der Juni schon das Heu.**

Auch wenn es sich anhört wie eine Bauernregel, so ist es
doch keine. Darüber hinaus sind die Meinungen, ob man
Heu überhaupt mähen kann, nach wie vor geteilt.

Welches der aufgeführten teuflischen Sprichwörter gibt es
nicht?

169

d) Man muss den Teufel bei den Hörnern packen.

Sprichwörtlich kann man nur den Stier bei den Hörnern
packen. Vom Teufel sollte man besser die Finger lassen.
Ansonsten ist der Teufel je nach Lage mal ein Eichhörnchen,
ein Fliegenfresser, ein Im-Detail-Stecker oder ein Großhaufen-
scheißer. Und wo wir gerade von ihm sprechen: Ja, wer
kommt denn da?

170 Und welches der genannten göttlichen Sprichwörter ist als einziges richtig?

 Der Mensch denkt, Gott lenkt.

Dieses Sprichwort ist die Essenz einer Bibelstelle im Alten Testament. In den Sprüchen Salomos heißt es in Kapitel 16, Vers 9: »Des Menschen Herz erdenkt sich seinen Weg; aber der Herr allein lenkt seinen Schritt.«

Die anderen Sprichwörter heißen korrekt:

a: Den lieben Gott einen guten (oder frommen) Mann sein lassen.
b: Hilf dir selbst, so hilft dir Gott!
c: Gottes Mühlen mahlen langsam.
d: Dein Wort in Gottes Ohr!
e: Den hat Gott im Zorn erschaffen.

171

Aha, das ist also der wahre Grund! Um es mit einem Sprichwort zu sagen:

c Da liegt der Hase im Pfeffer!

Die Redewendung geht auf Hasenbraten in Pfeffersoße zurück und beschrieb ursprünglich eine Lage, aus der es kein Entrinnen gibt.

Später nahm der Ausspruch die Bedeutung »da haben wir den wahren Grund« an. Dasselbe bedeutet auch das Sprichwort »Da liegt der Hund begraben«. Eine fälschliche, aber populäre Kreuzung dieser beiden Redewendungen ist »Da liegt der Hase begraben«.

Wer sich in einer Zwickmühle befindet, der steckt ...

172

c **zwischen Baum und Borke**

Das Gefühl, in einer verzwickten Lage zu stecken, nennt man
»zwischen Baum und Borke stecken« – in bildlicher Anleh-
nung an das Beil, das sich beim Behauen eines Baumstammes
zwischen der Rinde (= Borke) und dem Holz verkeilt hat.

Wem ein kühnes Unterfangen gelingt, der landet einen ...

173

b **Coup**

Das französische Wort »coup« bedeutet »Streich« und
»Schlag«. So wie man im Sport einen Treffer »landen« kann,
so kann man vor geschäftlichem, militärischem, polizeilichem
oder kriminellem Hintergrund »einen Coup landen«.
Auch die anderen Lösungsvorschläge existieren im Deutschen, wenngleich mit anderer Bedeutung: Ein (oder eine)
»Coupe« ist ein Eisbecher, der »Clou« ist u. a. ein Höhepunkt.
Hinter »Scoop« verbirgt sich das englische Wort für »Exklusiv-
meldung«, »Nachrichtenknüller«.

Wer großspurig auftritt, der markiert ...

174

d **den strammen Max**

Wer den »strammen Max« markiert, der macht sich größer, als
er ist, der plustert sich auf, macht den Larry, mimt den starken
Mann oder auch den dicken Wilhelm (so benannt nach Kaiser
Wilhelm II.). In der Gastronomie ist der »stramme Max« ein
Toast mit Schinken und Spiegeleiern.

Nur eine der genannten Redewendungen gibt es tatsächlich. Welche?

 Es regnet junge Hunde.

Der umgangssprachliche Ausspruch »Es regnet junge Hunde« bedeutet »Es regnet in Strömen«. Vieles spricht dafür, dass es sich dabei um eine Übernahme des englischen »It's raining cats and dogs« handelt, weshalb die Wendung gelegentlich auch mit »Es regnet junge Hunde und Katzen« wiedergegeben wird.

Die Übrigen sind Verdrehungen und Kreuzungen der folgenden Originale:

a: Man sollte keine schlafenden Hunde wecken.
b: Er fror wie ein Schneider/schimpfte wie ein Rohrspatz.
d: Nun lass mal die Kirche im Dorf/die Katze aus dem Sack.
e: Wo brennt's denn?/Wo drückt der Schuh?
f: Ich könnte Bäume ausreißen/Der Glaube versetzt Berge.
g: Da bist du auf dem Holzweg/auf dem falschen Dampfer.

 Man kennt Mutproben, Feuerproben und Zerreißproben. Aber was bedeutet »die Nagelprobe machen«?

 auf jemandes Wohl ein Glas leeren

Die Nagelprobe geht auf einen alten Trinkbrauch zurück. Zum Beweis, dass man auf jemandes Wohl den Becher auch wirklich bis auf den letzten Tropfen geleert hatte, wurde dieser über dem Daumennagel umgedreht. Wenn kein Tropfen auf den Nagel fiel, war die Nagelprobe bestanden.

Im Jahre 1348 rief König Edward III. von England den sogenannten Hosenbandorden (Order of the Garter) ins Leben, einen Ehrenbund für verdiente Ritter, deren Mitgliedschaft durch das Tragen eines blauen Hosenbandes kenntlich gemacht wurde. Das Motto des Ordens ziert noch heute das Wappen des Vereinigten Königreiches. Es lautet »Honi soît, qui mal y pense« – das heißt sinngemäß übersetzt:

b **Ein Schuft, wer Böses dabei denkt.**

Wörtlich übersetzt bedeutet die Devise »Schande über den, der Schlechtes dabei denkt«. Im Deutschen wurde daraus »Ein Schelm, wer Böses dabei denkt«, wobei das Wort »Schelm« in früheren Zeiten noch eine negativere Bedeutung hatte als heute. Daher wird die Übersetzung mit »Schuft« dem Original heute eher gerecht.

Die Herkunft des Mottos ist nicht urkundlich belegt. Einer verbreiteten Legende zufolge soll die Geliebte des Königs während eines Hofballs ihr Strumpfband verloren haben. König Edward hob es auf und band es sich zur allgemeinen Erheiterung mit den Worten »Honi soît, qui mal y pense« ums eigene Bein.

Über die Jahrhunderte hinweg wurde sich dieses Mottos immer wieder gern bedient, um eine unschickliche Bemerkung oder peinliche Situation zu entkrampfen.

Nur eine der acht aufgelisteten Redewendungen gibt es tatsächlich. Welche?

d **Punkt, Schluss und Streusand drüber!**

Die Wendung, die so viel bedeutet wie »Damit ist die Sache erledigt«, stammt aus einer Zeit, als Briefe noch mit Feder und Tinte geschrieben wurden. Wenn man mit dem Schreiben fertig war, pflegte man Streusand über das Papier zu streuen, um damit überschüssige Tinte aufzusaugen. In späterer Zeit wurde der Streusand durch Löschpapier ersetzt, im Sprichwort jedoch behielt er seinen Platz. Die anderen Redewendungen lauten korrekt:

a: Wirf da mal einen Blick drüber!
b: dem Schicksal ein Schnippchen schlagen
c: Harte Schale, weicher Kern.
e: Schwamm drüber!
f: Lass mal fünfe gerade sein!
g: Das ist ein schmaler Grat/ein schwieriger Spagat.
h: ein Eisen im Feuer haben/für etwas seine Hand ins Feuer legen

179

Wo Hinz und Kunz hingehen, da trifft man auch ...

c **Krethi und Plethi**

Der abwertende Ausdruck »Krethi und Plethi« in der Bedeutung »jedermann«, »alle Welt« stammt aus der Bibelübersetzung von Martin Luther (dort ursprünglich »Crethi und Plethi«). Er bezieht sich auf das Söldnerheer des alttestamentarischen Königs David, das unter anderem aus Kretern und Philistern bestand (2. Buch Samuel, Kapitel 8, Vers 18).

180

Welches der folgenden geflügelten Worte stammt nicht aus der Feder Johann Wolfgang von Goethes?

e **Die Axt im Haus erspart den Zimmermann.**

Der oftmals spöttisch abgewandelte Vers mit der Axt und dem Zimmermann stammt aus Schillers »Wilhelm Tell«. Alle anderen Zitate sind in Goethes Schauspiel »Faust I« zu finden.

10. Bis hierhin und weiter

Paul ist mit Susanne verheiratet. Susannes Schwester Antje ist mit Max verheiratet. Was ist Max für Paul – und umgekehrt?

d **Max und Paul sind Schwippschwäger.**

Ein Schwippschwager, auch Schwiegerschwager genannt, ist eine um mehrere Ecken verschwägerte Person. »Schwipp« hat mit der »Schwippe« zu tun, dem biegsamen Ende einer Angelrute oder Reitgerte, und bedeutet »mal so herum, mal andersherum betrachtet«.

Das Verhältnis von den Geschwistern der Braut zu den Geschwistern des Bräutigams wird Schwippschwägerschaft genannt.

Der »Schwager« wird im Plural zu »Schwäger« umgelautet, aus Schwippschwager wird folglich »Schwippschwäger«.

Diese Frage hat sich insofern erledigt, ... das fehlende Wort bereits gefunden wurde.

 als

Die Konjunktion »insofern« steht standardsprachlich mit dem Korrelat (Paarwort) »als«: »Die Frage hat sich insofern erledigt, als das fehlende Wort bereits gefunden wurde.«

Die Konjunktion »als dass« steht nur hinter einem vorausgegangenen »zu« im Sinne von »zu sehr«: Ich war zu eingeschüchtert, als dass ich widersprochen hätte; die Sicht ist zu schlecht, als dass man etwas erkennen könnte.

183 Wofür steht das »Kar« in Karfreitag?

b Klage, Trauer

Das mittelhochdeutsche *kar* bedeutete »Klage« und »Trauer«; der Karfreitag ist folglich der Trauerfreitag. Das Wort *kar* ist noch in dem davon abgeleiteten Adjektiv »karg« erhalten. Mit *kar* verwandt ist auch das englische *to care*, das »sich sorgen« bedeutet.

184

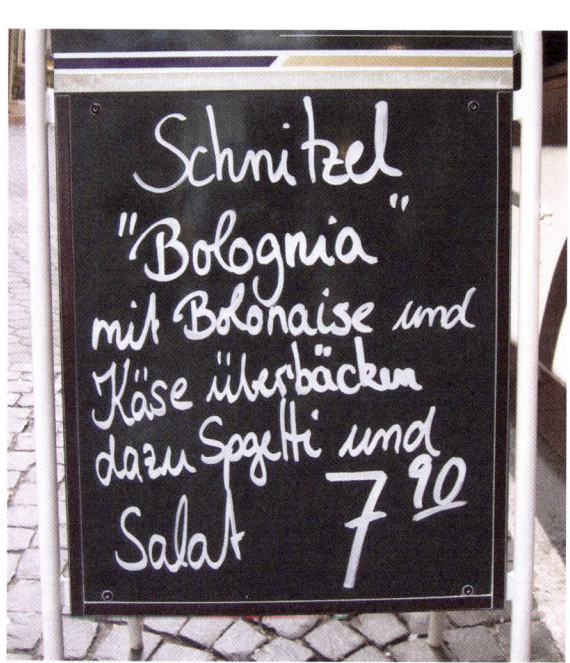

Wie heißt die berühmte leckere Hackfleischsoße, mit der das Spaghettiessen zu einem spritzigen Vergnügen wird?

  Bolognese

Die Bolognese-Soße ist nach der italienischen Stadt Bologna (gespr. Bolonnja) benannt. Im Französischen wird sie zur

»sauce bolognaise«, die deutsche Form orientiert sich jedoch am Italienischen. Die Schreibweise auf links gezeigter Tafel wurden offenbar eine Spur zu lange im Ofen »überbäcken«.

In welcher der sechs Reimgruppen haben alle Wörter ein (!) und dasselbe Geschlecht?

185

d **Grund, Schrund, Sund**

In der Gruppe a stehen zwei männliche und ein sächliches Hauptwort: der Brand, der Strand und das Pfand;
in Gruppe b zwei sächliche und ein männliches: das Pfund, das Rund, der Lund (Papageitaucher);
in Gruppe c zwei männliche (der Rand, der Stand) und eines, das sowohl männlich als auch sächlich sein kann: der oder das Band;
in Gruppe d sind alle männlich: der Grund, der Schrund (Felsspalte, Kluft), der Sund (Meerenge);
in Gruppe e sind zwei weibliche und ein männliches Hauptwort: die Wand, die Hand, der Tand;
in Gruppe f schließlich stehen zwei männliche Wörter (der Hund, der Mund) und eines, das sowohl männlich als auch sächlich sein kann: der oder das Bund (männlich in der Bedeutung Bündnis, sächlich in der Bedeutung Bündel).

Ein Eintopf mit grünen Bohnen ist ...

186

c **ein Grüne-Bohnen-Eintopf**

Da »grün« zu den Bohnen gehört und nicht zum Eintopf, kann es nicht »grüner Bohneneintopf« heißen. Die grünen Bohnen formen aber mit dem Eintopf ein zusammengesetztes Hauptwort, das großgeschrieben und durchgekoppelt wird. Nach derselben Logik ist ein Konto bei der Deutschen Bank ein Deutsche-Bank-Konto – und nicht zwingend ein »deutsches Bankkonto«.

Brutus verstand es offenbar, Cäsar etwas vorzumachen, denn ...

c   dieser hegte keinen Argwohn gegen jenen.

Das Pronomen »dieser« bezieht sich immer auf die nächststehende Person, also die zuletzt genannte, während »jener« sich auf die Person bezieht, deren Name zuerst genannt wurde: *Brutus verstand es offenbar, Cäsar etwas vorzumachen, denn dieser* (= Cäsar) *hegte keinen Argwohn gegen jenen* (= Brutus).

Cäsar hegte bis zuletzt keinen Argwohn gegen Brutus, den Sohn seiner Geliebten Servilia. Warum nicht?

b   Brutus war Cäsar scheinbar wohlgesinnt.

Brutus war Cäsar nur scheinbar wohlgesinnt. Anscheinend muss er ihn wohl gehasst haben, sonst hätte er ihn nicht ermordet. »Anscheinend« gebraucht man für etwas, das »den Anschein hat«, das als »wahrscheinlich« gilt. »Scheinbar« hingegen verwendet man für etwas, das nur dem Schein nach so ist, sich in Wahrheit aber anders verhält. Wer einen Heiligenschein trägt, ist *anscheinend* ein Heiliger, wer *scheinbar* heilig ist, ist anscheinend scheinheilig.

Zweitens heißt es »wohlgesinnt«, weil es sich um ein Adjektiv und kein Partizip handelt. Wohlgesinnt wurde nicht aus dem Verb »sinnen«, sondern aus dem Hauptwort »Sinn« gebildet, so wie die »Gesinnung« und wie die nach dem gleichen Muster gestrickten Adjektive gleichgesinnt, übel gesinnt, freundlich gesinnt, feindlich gesinnt, anders gesinnt.

Ein Verb »wohlsinnen« mit den Formen »ich sinne wohl«, »ich sann wohl«, »ich habe wohlgesonnen« gibt es nicht.

Wofür steht in E-Mail-Köpfen die Abkürzung »CC«?

d   carbon copy

Hinter »carbon copy« verbirgt sich nichts anderes als die englische Bezeichnung für den klassischen »Kohlepapier-durchschlag«, den man im Schreibmaschinenzeitalter (vor dem Kopiergerätezeitalter) noch anzufertigen pflegte, wenn von einer getippten Seite zwei oder mehrere Ausführungen benötigt wurden. Heute erhält man gelegentlich noch einen Kohlepapierdurchschlag aus einem Quittungsblock.

Wofür stand die Abkürzung SMS vor hundert Jahren?

190

b **Seiner Majestät Schiff**

Die Abkürzung SMS oder S.M.S. stand für »Seiner Majestät Schiff« und war den Schiffsnamen der kaiserlichen Marine vorangestellt, zum Beispiel dem Kreuzer »SMS Dresden« oder der kaiserlichen Privatyacht »S.M.S. Hohenzollern«.

Wer ist das »Männlein im Walde«, das da steht »ganz still und stumm«?

191

c **Hagebutte**

Das Gedicht endet mit der Strophe:

Das Männlein dort auf einem Bein
Mit seinem roten Mäntelein
Und seinem schwarzen Käppelein
Kann nur die Hagebutte sein.

Was hat der Schriftsteller und Kirchenlieddichter Philipp von Zesen (1619–1689) mit den Wörtern »Leidenschaft«, »Emporkömmling« und »Weltall« zu tun?

192

b **Er hat sie erfunden.**

Philipp von Zesen hat die deutsche Sprache um zahlreiche Wörter bereichert. Neben den drei genannten erfand er auch

den »Kreislauf«, die »Bücherei« und die »Rechtschreibung«,
für die man bis dahin nur lateinische Wörter kannte.

193 Auf welches Verb geht das Partizip »auserkoren« (oder kürzer: »erkoren«) zurück?

c **erkiesen**

Das ursprüngliche Verb lautet *erkiesen* (erkor, erkoren) und ist verwandt mit dem engl. *choose*. Seit dem 17. Jahrhundert wurde das unregelmäßige Verb »kiesen« vom regelmäßigen Verb »küren« (kürte, gekürt) zurückgedrängt. Nur das Partizip (aus)*erkoren* hat sich bis heute gehalten – zumindest in gehobener Sprache. Das Wort »kören« gibt es auch; es ist ein Fachbegriff in der Landwirtschaft und bedeutet »ein männliches Tier für die Zucht auswählen«.

194 Woher hat der Schmetterling seinen Namen?

c **vom tschechischen Wort »smetana«, das Milchrahm bedeutet**

Das tschechische Wort »smetana« wurde im Deutschen erst zu »schmetten«, später zu »Schmant«. Der Schmetterling heißt so, weil er sich gern auf dem Topf mit dem Milchrahm niederließ. Einem alten Volksglauben nach flogen Hexen in der Gestalt von Schmetterlingen, um den Menschen die Sahne zu stehlen. Im Englischen heißt das Insekt aus ähnlichem Grund »butterfly«: der Butterflieger.

195 Wer sind eigentlich Zeter und Mordio, und warum werden sie sprichwörtlich gerufen?

b **Es sind zwei alte Wörter für »Hilfe!«**

Wer Zeter und Mordio schreit, der macht einen mordsmäßigen Krach: »Zeter« war im Mittelhochdeutschen ein

Begriff für »Hilfe bei Raub« und »Mordio« ein Hilferuf bei einem Mordanschlag.

Wie wird in der Waidmannssprache der helle Fleck am Hinterteil von Rehen und Hirschen genannt?

a **Spiegel**

Die helle Fellfärbung am Hinterteil des Rehs wird »Spiegel« genannt. Beim männlichen Reh ist der Spiegel nierenförmig, beim weiblichen Reh herzförmig.

»Blume« ist der weiße Puschel beim Feldhasen und Kaninchen, »Wedel« ist das Wort für den Schwanz bei Hirschen und Rehwild, und »(Meister) Lampe« ist der Name des Hasen in Tierfabeln und Märchen.

Von den genannten Reihungen deckt sich nur eine mit dem derzeit gültigen deutschen Telefonalphabet. Welche ist es?

e **Quelle, Richard, Samuel, Theodor**

Nachstehend das deutsche Telefonalphabet und das internationale Nato-Alphabet im Vergleich:

	Deutsches Telefonalphabet	Nato-Alphabet
A	Anton	Alpha
B	Berta	Bravo
C	Cäsar	Charlie
D	Dora	Delta
E	Emil	Echo
F	Friedrich	Foxtrott
G	Gustav	Golf
H	Heinrich	Hotel
I	Ida	India
J	Julius	Juliett

K	Kaufmann	Kilo
L	Ludwig	Lima
M	Martha	Mike
N	Nordpol	November
O	Otto	Oscar
P	Paula	Papa
Q	Quelle	Quebec
R	Richard	Romeo
S	Samuel	Sierra
T	Theodor	Tango
U	Ulrich	Uniform
V	Viktor	Victor
W	Wilhelm	Whiskey
X	Xanthippe	X-Ray
Y	Ypsilon	Yankee
Z	Zacharias	Zulu

Daneben lassen sich mittels des deutschen Telefonalphabets noch folgende Sonderlaute darstellen: Ä (Ärger), Ch (Charlotte), Ö (Ökonom), Sch (Schule), ß (Eszett), Ü (Übermut). In der Schweiz und in Österreich gelten jeweils andere Buchstabiertafeln.

Das erste deutsche Telefonalphabet von 1903 enthielt noch zahlreiche alttestamentarische Namen (David, Jacob, Nathan, Samuel und Zacharias), die 1934 im Zuge der antisemitischen Gesetzgebung durch »Dora«, »Jot«, »Nordpol«, »Siegfried« und »Zeppelin« ausgewechselt wurden. Diese Änderungen wurden nach 1945 nur zum Teil zurückgenommen.

 Was sehen Sprachexperten in Badeferien und Feierabend?

 ein Anagramm

Ein Anagramm (vom griechischen Verb ἀναγραφειν [anagraphein], »umschreiben«) ist ein Wort, das durch Umstellung der Buchstaben aus einem anderen Wort gebildet

218

wurde. Die Wörter »Badeferien« und »Feierabend« bestehen aus den gleichen Buchstaben.

Eine Onomatopöie ist ein durch Lautmalerei gebildeter Begriff (z. B. Kuckuck, Peng), ein Akronym ein aus den Anfangsbuchstaben mehrerer Wörter gebildetes Wort (z. B. Nato, Ikea), ein Hexameter ist ein Versmaß, das z. B. Goethes »Reineke Fuchs« zugrunde liegt.

Welche der genannten Buchstabenkombinationen findet man in keinem deutschen Wort?

199

h nftzt

Die Kombination a: »tschstr« findet man zum Beispiel in »Matschstrecke«, b: »ngpfl« in *Schlingpflanze,* c: »rztkr« in *Arztkreisen,* d: »tztz« in *Jetztzustand,* e: »tzstr« in *Putzstreifen,* f: »rzspr« in *Herzsprung,* g: »tzschn« in *blitzschnell,* i: »nfstr« in *Hanfstrick,* und j: »mpfschl« in *Kampfschlag,* aber »nftzt« gibt es in keinem Wort.

In Bayern ruft man einander zum Abschied ein Wort zu, das wie »Pfüati« klingt. Es ist die Kurzform für:

200

d Behüte dich Gott!

Der Ausruf »Pfiati« (oder »Pfüati«) ist die verkürzte Form von »Pfiati Gott« und bedeutet »Behüte dich Gott«, »Möge Gott dich behüten«.

Und damit endet dieser große Test zur deutschen Sprache! Ich bedanke mich fürs Mitmachen und empfehle mich mit einem herzlichen »Pfüati Gott, lieber Leser!«.

DIE AUSWERTUNG

Bis 20 Punkte

Dieses Ergebnis lässt sich zweifellos noch steigern. Wenn Sie den Test nach einiger Zeit wiederholen, werden Sie bestimmt deutlich besser abschneiden! In der Zwischenzeit sei Ihnen zur Lektüre die Buchreihe »Der Dativ ist dem Genitiv sein Tod« ans Herz gelegt. Dort erhalten Sie das passende Rüstzeug, um mit den Widrigkeiten eines solchen Tests fertigzuwerden.

21 bis 60 Punkte

Sie sind beherzt durch weitgehend unbekannte Gewässer gesegelt und mussten manches waghalsige Ausweichmanöver fahren, um nicht an den Klippen der deutschen Sprachregeln zu zerschellen. Aber Sie haben Ihr Schiff gerade noch gerettet: insgesamt eine ausreichende Leistung! Bei mehr als 50 Punkten sogar »voll ausreichend«.

21 bis 30 Punkte: 4– • 31 bis 50 Punkte: 4 • 51 bis 60 Punkte: 4+

61 bis 100 Punkte

Ein annehmbares Ergebnis! Trotz gelegentlichem Schlingerkurs hält Ihr Sprachgefühl Sie auf der sicheren Bahn. Für die Überholspur müssten Sie noch ein bisschen auf die Tube drücken, aber Sie sind durchgekommen, ohne sich allzu sehr zu verfahren. Note: Befriedigend!

61 bis 70 Punkte: 3– • 71 bis 90 Punkte: 3 • 91 bis 100 Punkte: 3+

101 bis 140 Punkte

Ein Ergebnis, das sich sehen lassen kann: Ihr Deutsch ist wirklich gut! Ihre Sprachkenntnisse fußen auf sicherem Grund und liegen deutlich über dem Durchschnitt! Sollten Sie genau 111 Punkte erzielt haben, gönnen Sie sich einen Schnaps! In jedem Fall sollten Sie sich mit der Lektüre eines guten Buches an Ihrem Lieblingsplatz belohnen; Sie haben es sich verdient!

101 bis 110 Punkte: 2–ꞏ 111 bis 130 Punkte: 2 ꞏ 131 bis 140 Punkte: 2+

141 bis 179 Punkte

Gratulation, das ist ein Spitzenergebnis! Sie haben diesen Test bravourös gemeistert! Auf viele verzwickte Fragen wussten Sie die richtige Antwort, von kaum einer falsch gelegten Fährte haben Sie sich täuschen lassen. Ihre Deutschkenntnisse sind brillant, Sie beherrschen das komplizierte Regelwerk der deutschen Sprache meister-lich. Darauf können Sie wirklich stolz sein. Note: Eins!

141 bis 159 Punkte: 1–ꞏ 160 bis 179 Punkte: 1

180 Punkte und mehr

Sie sind ein absoluter Experte! Ihnen macht keiner etwas vor, Ihre Deutschkenntnisse sind über jeden Zweifel erhaben. Sie sollten sich dieses Ergebnis ausschneiden und einrahmen oder in Ihrem Portemonnaie/Portmonee mit sich herumtragen! Denn hiermit wird bestätigt:

Der Inhaber/Die Inhaberin dieses Zertifikats hat im großen Deutschtest von Bastian Sick mit der Note Eins Plus (1+) abgeschnitten!

Bildnachweis

Dieses Sick's Pack hält, was es verspricht!

Bastian Sick. Hier ist Spaß gratiniert. Ein Bilderbuch aus dem Irrgarten der deutschen Sprache.
Ein Happy-Aua-Buch. KiWi 1163

Sind Sie jung, motiviert und angaschiert, schlafen am
liebsten im Feuilleton-Bett und lieben küstenweise Spar-
gel? Dann aufgepasst, denn hier gehen gleich Scherben
zu Bruch! Nach den grandiosen Erfolgen der Kolumnen-
bände »Der Dativ ist dem Genitiv sein Tod« und der Vor-
gängerbände »Happy Aua« 1 und 2 ist sie nun da – die
Fortsetzung des lustigsten Bilderbuches der deutschen
Sprache.

Auf die Plätze, fertig, Spaß!

Bastian Sick. Happy Aua. Ein Bilderbuch aus dem Irrgarten der deutschen Sprache. KiWi 996

Bastian Sick. Happy Aua 2. Ein Bilderbuch aus dem Irrgarten der deutschen Sprache. KiWi 1065

Gordon Blue, gefühlte Artischocken, strafende Hautlotion – nichts, was es nicht gibt! Bastian Sick hat sie in seinen Bilderbüchern aus dem Irrgarten der deutschen Sprache zusammengetragen und kommentiert: missverständliche und unfreiwillig komische Speisekarten, Hinweisschilder, Werbeprospekte u. ä. – die bizarrsten Deutschlesebücher der Welt.

www.kiwi-verlag.de

Zum Lesen, Lachen und Nachschlagen

Bastian Sick. Der Dativ ist ... Folge 1.
KiWi 863. Verfügbar auch als eBook

Bastian Sick. Der Dativ ist ... Folge 2.
KiWi 900. Verfügbar auch als eBook

Bastian Sick. Der Dativ ist ... Folge 3.
KiWi 958. Verfügbar auch als eBook

Bastian Sick. Der Dativ ist ... Folge 4.
KiWi 1134. Verfügbar auch als eBook

Witzig und unterhaltsam – Bastian Sicks Sprachkolumne
begeisterte bereits Millionen Leser.

www.kiwi-verlag.de

Verschicken Sie schon oder lachen Sie noch?

Bastian Sick. Wir sind Urlaub. Das Happy-Aua-Postkartenbuch. KiWi 1190. 16 Postkarten

Bastian Sick. Zu wahr, um schön zu sein. Verdrehte Sprichwörter. KiWi 1050. 16 Postkarten

»Wir sind Urlaub« – das Beste aus »Hier ist Spaß gratiniert«, jetzt auch zum Verschicken!
Erfreuen Sie Freund und Feind mit unnachahmlichen Aussagen und Motiven zu allen möglichen Anlässen.

Jeder kennt es: Da sucht man nach der passenden Redewendung und schon sieht man vor lauter Wald die Bäume nicht. Die besten verdrehten Sprichwörter gibt es nun auf Postkarten – »Zu wahr, um schön zu sein«.

www.kiwi-verlag.de